Interação
O PODER DE CONECTAR-SE EM CURSOS ON-LINE

Editora Appris Ltda.
1.ª Edição - Copyright© 2024 dos autores
Direitos de Edição Reservados à Editora Appris Ltda.

Nenhuma parte desta obra poderá ser utilizada indevidamente, sem estar de acordo com a Lei nº 9.610/98. Se incorreções forem encontradas, serão de exclusiva responsabilidade de seus organizadores. Foi realizado o Depósito Legal na Fundação Biblioteca Nacional, de acordo com as Leis nºs 10.994, de 14/12/2004, e 12.192, de 14/01/2010.

Catalogação na Fonte
Elaborado por: Dayanne Leal Souza
Bibliotecária CRB 9/2162

S586i 2024	Silva, Carmem 　　Interação: o poder de conectar-se em cursos on-line / Carmem Lúcia da Silva. – 1. ed. – Curitiba: Appris, 2024. 　　124 p. : il. ; 21 cm. 　　Inclui referências. 　　ISBN 978-65-250-6461-1 　　1. Educação a distância. 2. Cursos on-line. 3. Interação e aprendizagem. I. Silva, Carmem Lúcia da. II. Título. 　　　　　　　　　　　　　　　　　　　　　　　　　CDD – 374.4

Livro de acordo com a normalização técnica da ABNT

Appris editora

Editora e Livraria Appris Ltda.
Av. Manoel Ribas, 2265 – Mercês
Curitiba/PR – CEP: 80810-002
Tel. (41) 3156 - 4731
www.editoraappris.com.br

Printed in Brazil
Impresso no Brasil

Carmem Lúcia da Silva

Interação
O PODER DE CONECTAR-SE EM CURSOS ON-LINE

Appris
editora

Curitiba, PR
2024

FICHA TÉCNICA

EDITORIAL	Augusto Coelho
	Sara C. de Andrade Coelho
COMITÊ EDITORIAL	Ana El Achkar (Universo/RJ)
	Andréa Barbosa Gouveia (UFPR)
	Antonio Evangelista de Souza Netto (PUC-SP)
	Belinda Cunha (UFPB)
	Délton Winter de Carvalho (FMP)
	Edson da Silva (UFVJM)
	Eliete Correia dos Santos (UEPB)
	Erineu Foerste (Ufes)
	Fabiano Santos (UERJ-IESP)
	Francinete Fernandes de Sousa (UEPB)
	Francisco Carlos Duarte (PUCPR)
	Francisco de Assis (Fiam-Faam-SP-Brasil)
	Gláucia Figueiredo (UNIPAMPA/ UDELAR)
	Jacques de Lima Ferreira (UNOESC)
	Jean Carlos Gonçalves (UFPR)
	José Wálter Nunes (UnB)
	Junia de Vilhena (PUC-RIO)
	Lucas Mesquita (UNILA)
	Márcia Gonçalves (Unitau)
	Maria Aparecida Barbosa (USP)
	Maria Margarida de Andrade (Umack)
	Marilda A. Behrens (PUCPR)
	Marília Andrade Torales Campos (UFPR)
	Marli Caetano
	Patrícia L. Torres (PUCPR)
	Paula Costa Mosca Macedo (UNIFESP)
	Ramon Blanco (UNILA)
	Roberta Ecleide Kelly (NEPE)
	Roque Ismael da Costa Güllich (UFFS)
	Sergio Gomes (UFRJ)
	Tiago Gagliano Pinto Alberto (PUCPR)
	Toni Reis (UP)
	Valdomiro de Oliveira (UFPR)
SUPERVISORA EDITORIAL	Renata C. Lopes
PRODUÇÃO EDITORIAL	William Rodrigues
REVISÃO	Mateus Soares de Almeida
DIAGRAMAÇÃO	Bruno Ferreira Nascimento
CAPA	Tiago Alves
REVISÃO DE PROVA	Jibril Keddeh

À minha família:
mãe, verdadeira e grande mestra,
inspiração na superação dos desafios;
irmãos Rafael, Silvana e Marília (in memoriam),
pelo afeto e apoio;
sobrinhos Igor, Samuel e Rebeca,
que enchem meu coração de alegria.

AGRADECIMENTOS

Agradeço a todas as instituições que abriram portas para que eu, por meio do trabalho, da pesquisa e de reflexões sobre os processos, buscasse aprimoramento. Essas oportunidades instigaram em mim a curiosidade e o interesse em aprofundar meus estudos na modalidade de educação que se expandiu de forma primorosa, a educação on-line. A evolução se dá em comunhão, pela troca de ideias. Meu reconhecimento aos gestores e colegas de trabalho pelo diálogo, compartilhamento de dúvidas, angústias e saberes.

Esta obra é resultado de estudo aprofundado e nela agradeço, de forma muito especial, ao professor doutor Simão Pedro Pinto Marinho, que foi meu orientador no mestrado, pelo compartilhamento de seu saber, pela compreensão e pela confiança nas minhas potencialidades para o desenvolvimento dos estudos e da investigação que embasam esta publicação. Meu crédito especial, pela expressiva contribuição, aos muitos estudiosos citados aqui.

Com grandiosidade, à equipe da instituição em que foi realizado o trabalho de campo, às gestoras, aos professores e aos alunos pelo acolhimento, interesse e abertura.

De forma muito carinhosa, à Andrea Filatro, que, ao escrever o prefácio desta obra, contribui de forma significativa para o livro e o engrandece.

Meu profundo agradecimento à editora Appris por acreditar no potencial desta obra e pelo profissionalismo.

"Tecendo a manhã"

Um galo sozinho não tece uma manhã:
ele precisará sempre de outros galos.
De um que apanhe esse grito que ele
e o lance a outro; de um outro galo
que apanhe o grito que um galo antes
e o lance a outro; e de outros galos
que com muitos outros galos se cruzem
os fios de sol de seus gritos de galo,
para que a manhã, desde uma teia tênue,
se vá tecendo, entre todos os galos.

(João Cabral de Melo Neto)

PREFÁCIO

É com alegria que apresento ao leitor a obra *Interação: o poder de conectar-se em cursos on-line*, elaborada pela Carmem com cuidado e paixão. Começo destacando a importância deste livro para a comunidade educacional e para qualquer pessoa interessada em compreender a revolução que está ocorrendo na educação contemporânea.

A revolução digital transformou a maneira como vivemos, trabalhamos e aprendemos. Desse modo, é mais que oportuno reposicionarmos nosso entendimento da educação à luz dessa mudança profunda que bate à nossa porta.

Interação: o poder de conectar-se em cursos on-line fornece uma análise aprofundada dessa nova forma de aprender e ensinar utilizando tecnologias, apresentando-a não como mera extensão da educação a distância, mas como uma modalidade completamente nova e distinta, com suas próprias características e necessidades específicas.

Outro ponto fundamental defendido pela autora é que a educação on-line não se opõe à tradicional presencial. Ao contrário, representa uma modalidade inovadora e adaptável que expande o potencial da aprendizagem para além das restrições espaciais e temporais.

Vale observar ainda que o tema "interação" ocupa lugar central neste trabalho, com destaque para a relevância das interações entre os atores e a necessidade de uma mediação pedagógica eficiente.

Os capítulos detalham tópicos como a evolução dos quadros legais, os contextos de expansão que moldaram a educação a distância e on-line, a organização de cursos on-line, o ambiente virtual de aprendizagem e o papel do professor na sociedade digital. A autora aborda essas questões de forma clara e compreensível, demonstrando um amplo entendimento das complexidades inerentes à educação on-line.

O livro também apresenta a pesquisa realizada em um curso de especialização na área da saúde, em uma instituição renomada que se dedica à formação de profissionais nessa área há mais de cinquenta anos. A análise minuciosa desse cenário pela autora fornece uma lente poderosa para explorar e compreender o impacto e as implicações da educação on-line, o que certamente enriquece e aprofunda a discussão apresentada.

Destaca-se ainda a extensa base bibliográfica consultada, que reflete uma variedade de temas, como o papel da tecnologia no ensino inovador, a utilização de plataformas on-line para aprendizagem, as implicações pedagógicas da interação mediada por computador e a evolução da tecnologia na educação.

No encerramento, a autora reitera a necessidade de preparar adequadamente os envolvidos para a dinâmica única da sala de aula virtual, sublinhando que a mera competência tecnológica não é suficiente para garantir o sucesso na educação on-line. A ênfase deve estar nas interações profundas e significativas como uma premissa indispensável para a aprendizagem efetiva.

Assim, ao avançar pelas páginas deste livro, o leitor e a leitora podem aproveitar esta oportunidade para apreciar a profunda transformação que a educação on-line propicia para o aprendizado e considerar o potencial único que ela possui para moldar o futuro educacional.

Em suma, *Interação: o poder de conectar-se em cursos on-line* é um recurso e tanto para todos os interessados na educação – professores, alunos, administradores e formuladores de políticas – que queiram entender as mudanças profundas que estão ocorrendo no mundo do ensino e da aprendizagem. Sua leitura é, sem dúvida, um convite ao debate e à reflexão sobre as novas práticas educativas nesse novo mundo digital. Que ele inspire e informe sua jornada!

Andrea Filatro
Autora, pesquisadora, consultora, docente e designer instrucional

APRESENTAÇÃO

A obra *Interação: o poder de conectar-se em cursos on-line* é um convite para adentrarmos no universo da educação on-line (EOL) e compreendermos que ela vai além daquela que ficou conhecida como educação a distância ou de ser somente uma educação antagônica à presencial. Trata-se, naturalmente, de uma forma de viabilizar educação em uma nova ambiência e, da mesma forma que o virtual não se opõe ao real, a educação on-line não se opõe à educação presencial, não é antagônica a ela. Contudo, na educação on-line, não cabe, por exemplo, a reprodução de um planejamento feito para um curso presencial ou para a educação a distância do tempo da correspondência e dos multimeios. Cada uma dessas necessita de planejamento que considere suas especificidades.

No contexto da educação on-line, questões como presença e distância podem ser colocadas em debate. A EOL é aquela que acontece no espaço virtual, mediada por computador, conectado à internet e à web. Na EOL, as tecnologias digitais de comunicação e informação ultrapassam a característica de suporte ao possibilitarem multi-interações – ou seja, interação reativa e mútua simultâneas –, debate, produção do conhecimento colaborativo. Tudo isso ocorre na relação dos interagentes, por meio de interfaces que possibilitam encontros sincrônicos ou assincrônicos, o que suscita metodologias específicas para essa nova ambiência.

Na introdução desta obra, realiza-se a problematização tendo como referência minhas vivências com EaD e EOL. Também se aborda a evolução do aparato legal, o contexto de expansão, a atuação de professores e as novas possibilidades de interação em cursos on-line. Além disso, discorre-se sobre a necessidade de investigar as interações na relação dos atores e suas consequências na aprendizagem.

No Capítulo 2, a discussão é sobre interatividade, interação e mediação pedagógica. É fundamental a compreensão desses conceitos ao tratar da educação mediada por aparatos tecnológicos, analógicos ou digitais. Realiza-se um comparativo de pontos específicos da interatividade e da interação. Por ter uma relação direta com os processos interativos, nesse capítulo a mediação pedagógica tem papel especial. Compreender como mediar em cursos on-line é fundamental, pois é uma ação que está diretamente ligada à postura do professor.

À medida que as tecnologias avançaram, elas foram sendo incorporadas a ações de educação. É certo que na educação por correspondência, na educação mediada pelo rádio ou pela televisão e na educação mediada pelo computador conectado à internet e à web, é preciso estar atento ao fato de que seus processos precisam levar em consideração as possibilidades de cada aparato. Nesse sentido, no Capítulo 3, você terá acesso às especificidades dessas modalidades, notadamente da educação on-line, que nasceu no contexto da cibercultura e requer novas formas de atuação dos seus atores, para a adequada utilização das possibilidades do computador conectado à internet e à web.

No Capítulo 4, a dinâmica dos papéis dos diferentes atores na EaD – professor, professor-tutor, tutor, monitor e alunos – é problematizada na perspectiva de fazer um paralelo com os novos papéis do professor na sociedade digital, cenário no qual o papel do aluno também passa por transformação.

No Capítulo 5, a organização do curso, que foi objeto da investigação, é detalhada de forma que você, leitor, possa ter uma visão geral e específica do planejamento e do desenvolvimento e que você possa também percorrer o cenário da sala de aula virtual e suas interfaces.

No Capítulo 6, na busca por compreender como se dá a interação dos atores em uma disciplina de um curso on-line, e quais são as implicações que esses produzem na aprendizagem, o conteúdo perpassa a consideração das interações praticadas em um curso de pós-graduação e os resultados alcançados. Tendo como referência a fundamentação teórica apresentada nos capítulos anteriores, a observação nos ambientes virtuais e a coleta de informações com os diferentes atores do curso, foi possível identificar os tipos de interações e apresentar a problematização das consequências na aprendizagem.

Em "Rede de aprendizagem" o conteúdo retoma pontos que se destacaram ao longo deste trabalho, delineia ideias que foram se entrelaçando nas teorias e práticas contempladas nesta obra e destaca a evidente necessidade de formação dos atores para uma atuação em uma sala de aula virtual, indo além da preparação para lidar com os recursos da tecnologia.

LISTA DE ABREVIATURAS E SIGLAS

AVA	Ambiente virtual de aprendizagem
EaD	Educação a distância
EOL	Educação on-line
LDB	Lei de Diretrizes e Bases da Educação Nacional
MEC	Ministério da Educação
OA	Orientador de aprendizagem
PP	Projeto pedagógico
Seed	Secretaria de Educação a distância
TDICs	Tecnologias digitais de informação e comunicação
UCA	Um computador por aluno

SUMÁRIO

1
INTRODUÇÃO 21

2
INTERATIVIDADE, INTERAÇÃO E MEDIAÇÃO PEDAGÓGICA ...29
2.1 Interatividade 29
2.2 Interação 32
2.3 Mediação pedagógica 39
2.4 Mediação pedagógica: papéis do professor e do aluno 42

3
INTERAÇÕES NA EDUCAÇÃO A DISTÂNCIA E NA EDUCAÇÃO ON-LINE 45
3.1 Educação por correspondência 45
3.2 Educação por multimeios 46
3.3 Educação a distância e Educação on-line 48
    3.3.1 Ambiente Virtual de Aprendizagem 53

4
PAPÉIS DO PROFESSOR, TUTOR, MONITOR E ALUNO 61
4.1 Papel do professor e do tutor 61
4.2 Papel do monitor 66
4.3 Papel do aluno 67
4.4 Papel do professor na sociedade digital 69

5
O CURSO: CAMINHOS PERCORRIDOS 75
5.1 A estrutura do curso 75
5.2 Ambientes Virtuais Zipclass e Moodle 79
5.3 Percurso da investigação 81

6
INTERAÇÃO: PRÁTICAS E RESULTADOS ALCANÇADOS......89
   6.1 O cibercafé como espaço para interações 89
      6.1.1 Interações no cibercafé 91
   6.2 Interações no fórum 100
   6.3. Sobre o uso do *chat* 108

7
REDE DE APRENDIZAGEM 109

REFERÊNCIAS 113

1
INTRODUÇÃO

No ano de 1996, ingressei no curso de Pedagogia. Este ano foi o início de um novo tempo na EaD. A promulgação da Lei de Diretrizes e Bases da Educação Nacional (LDB) – a Lei n.º 9394, de 20 de dezembro de 1996 –, estabeleceu, no artigo 80, o incentivo à EaD nos diferentes níveis de estudo.

Em sala de aula, houve uma importante discussão a respeito do assunto realizada por meio do texto "Quem tem medo da educação à distância?"[1] de Arnaldo Niskier. No decorrer do debate, afirmou-se até mesmo que o professor seria substituído pelas tecnologias, embora não fosse esse o teor do texto.

Alguns anos se passaram e a realidade me mostrou que aquele pensamento era equivocado. De junho de 2003 a fevereiro de 2006, integrei o corpo docente de uma fundação que trabalhava com EaD na modalidade de teleconferência[2]. Assumi o cargo de professora especialista no curso normal superior e fiz parte da equipe do conteúdo de estágio supervisionado. Nos semestres seguintes, lecionei os conteúdos de Teoria do Currículo e Avaliação da Educação Escolar. Posteriormente, no curso de Pedagogia, lecionei Fundamentos do Trabalho Acadêmico, Didática, Metodologias de Alfabetização e Metodologia de Geografia.

Lembro-me dos primeiros dias de trabalho. Tudo era novo e diferente. Nesse momento, eu lecionava as aulas ao vivo, em um estúdio, e o contato não era direto com o aluno, e sim com a câmera

---

[1] NISKIER, Arnaldo. Quem tem medo da educação à distância? **Folha de São Paulo**, São Paulo, 13 fev. 1998. Disponível em: https://www1.folha.uol.com.br/fsp/opiniao/fz13029810.htm. Acesso em: 26 jun. 2023.

[2] A definição de teleconferência será trabalhada no Capítulo 3. A fundação optou por intitular essa modalidade de telepresencial.

em um modelo de comunicação "um para todos", sem a visualização e a interação com alunas e alunos que estavam em telessalas, nos municípios do estado.

Ao lado do estúdio onde as teleaulas eram ministradas, era oferecido suporte pedagógico ao aluno. Havia uma sala com cabines, telefones e televisão ligada na aula ministrada naquele momento. Nesse espaço ficavam professores da equipe responsável por aquele conteúdo e outros que, cumprindo uma escala[3], atendiam, em diferentes dias da semana, aos alunos que ligavam.

Dessa forma, os alunos poderiam fazer contato com o suporte pedagógico no momento em que a teleaula estava sendo ministrada ou em outro dia e horário da semana. No caso de o(a) aluno(a) ligar no mesmo momento da aula, seria atendido(a) por professores que foram responsáveis pelo planejamento da aula, já que eram da equipe daquele conteúdo, e outros.

O objetivo do suporte pedagógico era o esclarecimento das possíveis dúvidas dos alunos sobre o conteúdo ministrado nas aulas. Um percentual mínimo de alunos ligava para conversar sobre o aprendizado de determinado conteúdo. Esse comportamento se modificava na véspera da prova. Nessa ocasião, aumentava, significativamente, o número dos alunos que entravam em contato, principalmente com o intuito de confirmar que conteúdos deveriam estudar. Na maioria das vezes, os alunos usavam o suporte pedagógico para tratar de problemas referentes ao sinal do satélite, pagamento, ausência de tutor na telessala, além de pedirem para o professor que estava ministrando a aula falar mais devagar, e elogiar ou reclamar da aula.

Tais vivências provocaram em mim muitas inquietações. Aspectos como afetividade, dialogicidade, interatividade, interação, métodos e técnicas de ensino, transposição didática e necessidade de um trabalho que não fosse mecânico e descontextualizado foram constantes na reflexão de minha prática.

---

[3] Quadro de horários que os alunos recebiam, o qual informava o dia e o horário em que poderiam entrar em contato com o professor de determinada disciplina. Por exemplo: "teleaula de avaliação sábado, pela manhã; suporte pedagógico desta disciplina na quarta-feira, no horário de 8h00'às 11h30'".

Nesse ínterim, integrei um grupo de professores, cujo objetivo era estudar a educação a distância. Meu interesse em vivenciar cursos que eram oferecidos pela internet era constante. Sempre me inscrevia e realizava cursos livres. Neles, as práticas eram direcionadas para a leitura de textos e para a resolução de atividades, sem qualquer relação com pessoas. Havia questões de múltipla escolha. Acertando, eu poderia passar para a atividade seguinte. Do contrário, eu recebia um aviso que a alternativa estava errada e que eu teria de fazer a questão novamente. Assim, era possível dar andamento ao curso. Não era difícil, pois ao responder as questões, se a primeira resposta não era a correta, certamente seria a segunda ou qualquer outra. Era caminhar por tentativa e erro, e pronto. Dessa forma, mesmo acertando a questão, algumas vezes eu ainda continuava com dúvidas.

Certa vez fiz um teste. Nada estudei o conteúdo e fiz as atividades. Errei a maioria das questões. Algumas eu definitivamente não sabia o que responder. Fui testando e quando acertava passava para frente. E em torno de duas horas, completei um curso para o qual se previa uma carga horária de vinte horas para a sua realização.

Do início do ano de 2005 a 2006, cursei a especialização *latu sensu* em tema da Educação a distância. Era um momento de transição da Educação a distância. No desenvolvimento do curso, foram realizados encontros presenciais, conforme estabeleceu o Decreto n. 5622/2005[4]. Foram utilizados diferentes aparatos tecnológicos digitais e AVA Aulanet.

Posteriormente, vivenciei o outro lado. Atuei como tutora de telessala dos cursos de Normal Superior e Pedagogia na modalidade de teleconferência. No momento das aulas, eu estava com a turma na telessala e as perguntas poderiam ser enviadas para os professores, por meio do computador conectado à internet, disponível na sala de aula. Caso os alunos sentissem a necessidade de acessar de outro local e horário, poderiam. Entretanto, de modo geral, eles não demonstravam interesse em perguntar, diziam que não havia retorno imediato e, por vezes, buscavam esclarecer as dúvidas comigo, em

---

[4] Revogado pelo Decreto n.º 9.057/2017.

sala de aula. Muitos tinham receio de usar o computador. Cerca de 90% deles não possuíam vivências anteriores com essa tecnologia e não apresentavam interesse em aprender a utilizá-la.

Como aluna do mestrado estudei "Ambientes Virtuais de Aprendizagem I e II", disciplinas que foram desenvolvidas por meio de AVA com alguns encontros presenciais. Esses encontros se destinaram para a apresentação da disciplina e do grupo, para a avaliação da aprendizagem e para a resolução de alguma questão que o professor julgasse necessária o encontro, com presença de todos, em sala de aula de quatro paredes, no mesmo dia e horário, face a face. A dinâmica do curso se deu por meio dos AVA (Moodle, Dokeos, Claroline e Atutor). No Moodle, o professor orientava e acompanhava o desenvolvimento das atividades, e nele foi possível participar de um fórum com o professor Marco Silva[5], cujo tema de discussão foi a interatividade. Muitas questões foram suscitadas.

Para o desenvolvimento dos trabalhos nos ambientes virtuais Dokeos, Claroline e Atutor, os alunos foram divididos em três grupos e cada um deles ficou responsável por desenvolver um curso com carga horária máxima de trinta horas, que deveria ser cursado pelos colegas da disciplina. O tema dos três cursos foi pré-definido pelo professor e cada grupo teve um líder. No Dokeos, o curso foi sobre a avaliação da aprendizagem; no Claroline, Ambientes Virtuais de Aprendizagem; e no Atutor, Design Instrucional. Neste último, atuei como professora e, nos demais, como aluna. A organização dos cursos incluía a elaboração do manual do AVA para o aluno e para o professor; elaboração da estrutura e seleção de conteúdos; organização das atividades; definição das interfaces a serem utilizadas; e avaliação da aprendizagem. Nessa vivência, evidenciou-se que ao tratar de EaD ou EOL é preciso compreender como desenvolver seus processos, e para tanto novas competências são necessárias. No decorrer dessa especialização aprofundei-me nos estudos sobre EOL.

Posteriormente, fiz parte da equipe que compôs o projeto Um computador por aluno (UCA) – Projeto do Governo Federal que foi

---

[5] A leitura do livro *Sala de aula interativa* foi uma condição prévia para o fórum.

desenvolvido em escolas públicas de municípios das cinco regiões geográficas do Brasil. Identificou-se a necessidade de formação, pois objetiva-se a inovação pedagógica e não somente equipar as escolas com laptop e internet, simplesmente como um recurso a mais e práticas que significassem sua subutilização.

Fui uma das responsáveis pelo redesenho da proposta inicial e pela execução da formação desenvolvida on-line para professores e gestores das escolas que participavam do Projeto UCA[6] em Minas Gerais. Vivenciei os desafios do desenvolvimento de um curso on-line, do planejamento do conteúdo, do uso das tecnologias digitais e processos interativos.

A partir de 2009, atuei como coordenadora de orientadores de aprendizagem (OA) de um telecurso. Trata-se de um programa de formação continuada para profissionais da educação que foi realizado na modalidade on-line com um encontro de formação presencial e uma visita técnica de acompanhamento dos trabalhos.

Atuei, também, como tutora em um curso de especialização desenvolvido de modo on-line. A cada módulo, era papel do tutor disponibilizar, acompanhar o desenvolvimento e encerrar as atividades a serem realizadas pelos alunos, esclarecer dúvidas sobre o conteúdo, acompanhar o desenvolvimento e dar *feedback* para o aluno sobre questões específicas das atividades. Todo o processo interativo com a turma era responsabilidade do tutor.

No final do ano de 2022 organizei os procedimentos necessários para a implantação e implementação de um polo Universidade Aberta do Brasil - UAB que oferta cursos em nível superior, graduação e pós-graduação, em um município do Estado de Minas Gerais e, desde então, atuo na coordenação dele. Conforme estabelece o art. 5º do Decreto n.º 9057/2017[7], "[...] polo é a unidade

---

[6] Para saber mais sobre o projeto UCA em Minas Gerais leia "Formação on-line no Projeto UCA em Minas Gerais: desistências e persistências, p. 303-328 *In*: FILHO, José Aires de Castro; SILVA, Maria Auricélia da; MAIA, Dennys Leite (orgs.). **Lições do Projeto um Computador por Aluno**: estudos e pesquisas no contexto da escola pública. Editora EdUECE, 2015.

[7] BRASIL. **Decreto n.º 9057, de 25 de maio de 2017**. Regulamenta o art. 80 da Lei nº 9.394, de 20 de dezembro de 1996, que estabelece as diretrizes e bases da educação nacional. Brasília, DF: Presidência da República, 2017. Disponível em: https://www.planalto.gov.br/ccivil_03/_ato2015-2018/2017/decreto/d9057.htm. Acesso em: 30 jul. 2023.

descentralizada da instituição de educação superior, no País ou no exterior, para o desenvolvimento de atividades presenciais relativas aos cursos ofertados na modalidade a distância".

Nesse ínterim, estudos demonstram um crescimento significativo de oferta, procura, número de matrículas, autorização e credenciamento de cursos a distância[8]. Em novembro de 2022, o Censo da Educação Superior revelou a expansão da educação a distância com um percentual de 474% em uma década.

Essa vertiginosa expansão, certamente tem relação com o avanço da legislação da EaD e das TDICs. Com a melhora na oferta de internet ao longo dos anos e recentemente com a pandemia da Covid-19, evidencia-se, de modo geral, maior abertura das pessoas para se formarem na modalidade on-line.

Contudo, nesse contexto de expansão, professores e alunos que possuem formação tradicional estão sendo desafiados. Certamente, a totalidade dos professores que atuam nestes cursos foi formada no modelo tradicional/conservador da educação, baseado no falar do professor, que é ativo na sala de aula, e no ouvir do aluno, que é passivo, ou seja, em um contexto que normalmente não considera os saberes dos alunos.

Se olharmos a partir da noção de *habitus*[9], é correto dizer que há uma tendência de reprodução do modelo de educação o qual os professores têm como referência, pois os aspectos interiorizados e incorporados na trajetória social podem nos conduzir a sentir, pensar e atuar no mesmo sentido. Dessa forma, nas vivências sem motivo claro e consciente, apresenta-se a dinâmica da continuidade de práticas enraizadas em detrimento da reflexão e da busca da inovação.

Os possíveis responsáveis pelo professor normalmente não privilegiar processos interativos com os alunos, em situações de aprendizagem na EOL, são[10]:

---

[8] SANCHES, Fábio (coord.). **Anuário brasileiro estatístico de educação aberta e a distância, 2008**. São Paulo: Instituto Monitor, 2008.

[9] BOURDIEU, Pierre. Esboço de uma teoria e prática. *In*: ORTIZ, Renato. **Pierre Bourdieu**: sociologia. São Paulo: Ática, 1983. p. 39-72.

[10] SHEELLY, Stephen. Persistent technologies: why can't we stop lecturing online? *In*: ANNUAL ASCILITE CONFERENCE, 23., 2006, Sidney. **Proceedings** [...]. Sydney: The University of Sidney, 2006.

- a experiência das diferentes gerações de professores do ensino superior alicerçada em um histórico de vivências estudantis pautadas em aulas expositivas. Esse aspecto influencia não somente as práticas dos professores do ensino superior, mas também suas crenças e valores, passando a incuti-las em sua prática e a acreditar nesse modelo de transmissão;

- a persistência nesse modelo pode estar pautada nos seguintes aspectos: leituras parecem fáceis de fazer; estudantes esperam aulas expositivas; aulas expositivas proporcionam alto grau de controle do professor; a infraestrutura física e filosófica da instituição é alicerçada em aulas expositivas;

- no que tange à presença das novas tecnologias, a razão seria de ordem semântica, em virtude do lugar dominante que as aulas expositivas possuem no discurso e no ensino no meio universitário.

A centralidade na fala do professor tende a se manter na EOL por meio de conteúdos escritos por ele. As aulas expositivas se transformam em conteúdo escrito; a oralidade é substituída por um arquivo, geralmente em formato PDF. Como destacou Marinho[11] (informação verbal), a oralidade do professor se torna "pdficada".

Mas é preciso avançar e mudar. Há uma grande diferença entre atuar em ambientes virtuais e na sala de aula de tijolos. Não passamos a ser um novo profissional pelo fato de estarmos em um novo espaço, seja ele presencial ou on-line. Estudos indicam que a realidade suscita um novo docente, capaz de desempenhar novos papéis, colocar em prática ações diferentes no ambiente virtual e no ciberespaço, que possibilita novas formas, espaços e tempos para a educação – a interação sincrônica e assincrônica entre professor aluno, aluno-aluno e aluno-professor[12].

---

[11] Fala de Simão Pedro Pinto Marinho, em palestra sobre inserção curricular da web 2.0 nas educações presencial e a distância, no 1º Seminário Web Currículo, promovido pela PUC/SP em 22 e 23 de setembro de 2008.

[12] KENSKI, Vani Moreira. O papel do professor na sociedade digital. In: CASTRO, Amélia Domingues de; CARVALHO, Ana Pessoa de (org.). **Ensinar a ensinar**: didática para a escola fundamental e média. São Paulo: Tomson Learning, 2006a. v. 1. p. 95-106.

O espaço virtual exige algo a mais do que a tradicional transmissão de conhecimento[13]. A sociedade da cibercultura[14] necessita que professores atribuam novas dimensões ao seu trabalho docente para o novo espaço de comunicação: "[...] sociabilidade, organização, informação e conhecimento próprios da cibercultura"[15]. A educação no Brasil tem como modelo mais identificado a pedagogia da transmissão, em que o professor é o dono do saber[16]. Dessa forma, corre-se o risco de se transportar para cursos on-line uma prática pedagógica baseada no modelo que Paulo Freire chamou de educação bancária, perdendo-se a chance de se utilizar recursos de interação, disponibilizados pelas TDICs.

Nesse sentido, as formas de interação adotadas pelos atores em um curso on-line podem ser consideradas tema de necessários estudos. Deve-se ressaltar que transparecem, nesse processo, sérias implicações quanto à aprendizagem. Tais questões apontam para uma compreensão da situação mais do que necessária – urgente.

---

[13] MIZUKAMI, Maria da Graça Nicolett. **Ensino**: as abordagens do processo. São Paulo: EPU, 1986.

[14] "Conjunto de técnicas (materiais e intelectuais) de práticas, de atitudes, de modos de pensamento e de valores que desenvolvem juntamente com o crescimento do ciberespaço". LÉVY, Pierre. **Cibercultura**. São Paulo: Ed. 34, 1999. p. 17.

[15] SILVA, Marco; CLARO, Tatiana. A docência online e a pedagogia da transmissão. **Boletim Técnico do SENAC**, Rio de Janeiro, v. 33, n. 2, p. 81-89, maio/ago. 2007. Disponível em: https://www.bts.senac.br/bts/article/view/301/284. Acesso em: 31 ago. 2022. p. 83.

[16] VARELA, Julia; ALVAREZ-URIA, Fernando. A maquinaria escolar. **Teoria & Educação**, Porto Alegre, n. 6, p. 68-96, 1992.

2

INTERATIVIDADE, INTERAÇÃO E MEDIAÇÃO PEDAGÓGICA

O Ministério da Educação (MEC), por meio da Secretaria de Educação a Distância (Seed), destaca, nos Referenciais de qualidade para a educação superior a distância[17], que a interação dos atores envolvidos no processo de aprendizagem – professores, tutores e alunos – é um dos aspectos fundamentais para a qualidade de um curso. Para definir esse processo foi utilizado o termo interatividade.

2.1 Interatividade

O termo interatividade surgiu bem mais tarde que o termo *interação*. Mas por questões de organização do capítulo, tratarei primeiro do termo *interatividade*. Há autores que divergem quanto à sua origem. Ferreira[18] indica que a década de 1950 é a que marca sua origem, pois os estudiosos da área da computação passaram a utilizá-lo. Mattar[19] aponta que o termo foi criado nas décadas de 1960/1970 no campo da arte. Silva[20] considera possível que o termo tenha sua origem no final da década de 1970 ou início da década de 1980, no cenário do computador em rede. Ele teria aparecido,

---

[17] BRASIL. Ministério da Educação. **Referenciais de qualidade para a educação superior a distância.** Brasília, DF: Secretaria de Educação a Distância, 2007. Disponível em: http://portal.mec.gov.br/seed/arquivos/pdf/legislacao/refead1.pdf. Acesso em: 18 jun. 2023.

[18] FERREIRA, Ruy. **Interatividade educativa**: uma visão pedagógica. 2008. 200 f. Tese (Doutorado em Educação) – Universidade Estadual de Campinas, Campinas, 2008.

[19] MATTAR, João. Interatividade e aprendizagem. *In*: LITTO, M. Frederic.; FORMIGA, Marcos (org.). **Educação a distância**: o estado da arte. São Paulo: Pearson Education do Brasil, 2009. p. 112-120.

[20] SILVA, Marco. Sala de aula interativa: a educação presencial e a distância em sintonia com a era digital e com a cidadania. **Boletim Técnico Do Senac**, [S. l], v. 27, n. 2, p. 42-49, 2001. Disponível em: https://www.bts.senac.br/bts/article/view/567. Acesso em: 11 mar. 2024.

possivelmente, pela insatisfação dos informatas com o conceito genérico de interação.

A interatividade está relacionada a ações e processos interativos, necessariamente ligados a uma máquina ou sistema, bem como à sua potencialidade e à sua abertura para interagir[21]. O objetivo da interatividade é "[...] aperfeiçoar a forma de diálogo (interação) entre o homem e as máquinas digitais, visando, principalmente, à manipulação direta da informação"[22].

Há um ponto crucial nessa definição que merece nossa atenção. O diálogo entre o ser humano e a máquina é discutível, haja vista que o diálogo pressupõe debate, discussão, ou seja, implica avançar na construção das ideias, do conhecimento e não comporta questões automatizadas. Embora seja possível, por exemplo, um robô responder a indagações de um ser humano, e aparentemente se tenha a falsa ideia de um diálogo, um computador ou um robô são máquinas alopoiéticas[23], não autônomas. As mudanças que ocorrem em seu funcionamento são provenientes de algo que não faz parte delas e, dessa forma, elas são programadas para tratar de determinados assuntos, de forma limitada. Os seres humanos, a partir de sua característica autopoiética[24], são autônomos, possuem individualidade, estabelecem seu próprio limite, não possuem entradas e saídas, são sistêmicos, podem refletir e avançar em diferentes assuntos de forma recursiva, reflexiva.

A respeito da manipulação direta da informação, possibilitada pelas tecnologias digitais, ela não nos remete, necessariamente, a processos interativos dos atores, e sim desses com o equipamento. Nesse sentido, a interatividade apresenta-se como a possível ação do usuário com o equipamento[25].

---

[21] FERREIRA, Aurélio Buarque de Holanda. **Novo dicionário Aurélio – século XXI**. Rio de Janeiro: Nova Fronteira, 1999. CD-ROM. p. 1123.

[22] LEMOS, André L. M. **Anjos interativos e retribalização do mundo**: sobre interatividade e interfaces digitais. **Tendência XXI**, Lisboa, n. p., 1997. Disponível em: https://facom.ufba.br/ciberpesquisa/lemos/interativo.pdf. Acesso em: 17 jun. 2023.

[23] MATURANA, Humberto Romensín.; VARELA, Francisco J. **De máquinas e seres vivos**: autopoiese: a organização do vivo. 3. ed. Porto Alegre: Artes Médicas, 1997. p. 73.

[24] I*em.

[25] BELLONI, Maria Luiza. **Educação a distância**. 3. ed. Campinas: Autores Associados, 2003.

Na era digital, ocorrem mudanças significativas nas relações das pessoas com os aparatos tecnológicos. Anteriormente, o tempo dos analógicos, que têm em sua origem o cinema, o rádio, o televisor, define-se pela

> [...] ausência de uma representação abstrata (simbólica) para os dados que dificulta a conservação, transformação e manipulação destes dados. Considerando-se ainda que distorções são inevitáveis durante qualquer transmissão de dados, o meio analógico restringe os dados quanto à sua transcendência temporal, pois o dado se desgasta com a transmissão e sua representação física se evanesce com o passar do tempo.[26]

No uso dessa tecnologia, os processos interativos eram por demais limitados, não havia a possibilidade, por exemplo, de se modificar um conteúdo, de se atuar como coautor.

Para Silva[27], a interatividade tem como raiz o termo *interação* e a forma de se consultar um programa é que a define. São três os pilares da interatividade:

- **Participação-intervenção**: refere-se à potencialidade disponibilizada pelas TDICs, que possibilita a ocorrência da produção em conjunto dos polos (emissor e receptor), aliada à perspectiva inclusiva da comunicação social e a diferentes formas sensoriais.

- **Bidirecionalidade-hibridação**: possibilita a coautoria, com posições de igualdade e de circularidade entre obra, autor e espectador. Ou seja, todos os atores possuem as mesmas possibilidades de intervenção.

---

[26] FERNANDES, Jorge Henrique Cabral. **Ciberespaço**: modelos, tecnologias, aplicações e perspectivas: da vida artificial à busca por uma humanidade auto-sustentável. Recife, 2000. Disponível em: https://www.researchgate.net/profile/Jorge-Fernandes-10/publication/372282950_Ciberespaco_Modelos_Tecnologias_Aplicacoes_e_Perspectivas_da_Vida_Artificial_a_Busca_por_uma_Humanidade_Auto-Sustentavel/links/64addbc0b9ed6874a512e0b6/Ciberespaco-Modelos-Tecnologias--Aplicacoes-e-Perspectivas-da-Vida-Artificial-a-Busca-por-uma-Humanidade-Auto-Sustentavel.pdf. Acesso em: 15 ago. 2023. p. 6.

[27] SILVA, Marco. **Sala de aula interativa**. Rio de Janeiro: Quartet, 2002. p. 110.

- **Permutabilidade-potencialidade:** o sistema possibilita múltiplas combinações de conteúdos e mídias com vasta liberdade. Trata-se de potencialidade, posto que nada é definitivo – tudo é um vir a ser atualizável.

Embora os binômios apresentem uma perspectiva de mudança de estatuto do emissor e do receptor, não fica claro que ocorra o diálogo entre as pessoas, pois um processo de coautoria não necessariamente implica interação entre os atores. Ora, é perfeitamente possível que a participação, a intervenção, a bidirecionalidade, a hibridação, a permutabilidade e a potencialidade ocorram sem que os atores tenham dialogado.

2.2 Interação

O verbete *interaction* apareceu pela primeira vez em 1832 no dicionário inglês Oxford e sete anos depois ele foi relacionado à reciprocidade, ação recíproca, ação entre pessoas em um ambiente social[28]. A interação é um processo que se realiza por meio de formas verbais de comunicação, atividades e movimentos inter-relacionados de dois ou mais indivíduos, animais, objetos, máquinas, atos, ações, gestos, palavras e símbolos. De modo geral, é compreendida como influência recíproca[29].

Trata-se de dois elementos em ação mútua, de interferência entre[30]. A expressão *mútua* é um substantivo proveniente do adjetivo mútuo, do latim *mutuu*, significando *reciproci*◆*a*◆*e*. A interação mútua tem na primeira palavra o significado de ação entre, e mútua foi

---

[28] JOHNSON, Allan G. **Dicionário de sociologia:** guia prático da linguagem sociológica. Rio de Janeiro: J. Zahar, 1997.

[29] OUTHWAITE, William; BOTTOMORE, Tom. **Dicionário do pensamento social do século XX.** Rio de Janeiro: J. Zahar, 1996.

[30] BUENO, Francisco da Silveira. **Grande dicionário etimológico-prosódico da língua portuguesa:** vocábulos, expressões da língua geral e científica-sinônimos contribuições do Tupi-Guarani. São Paulo: Saraiva, 1965.

escolhida para salientar as modificações recíprocas dos interagentes[31], sendo que, durante o processo de interação, um modifica o outro.[32]

A interação social[33] pressupõe a influência exercida entre os indivíduos em suas dinâmicas de comunicação e o conjunto de ações e reações entre os pares e grupos. A reciprocidade é a característica primeira desse processo, em virtude de ser ela a que pode desencadear novas reações. A Psicologia Social considera importante, para a compreensão da interação social, a comunicação não verbal, as expressões faciais, a troca de olhares, o movimento corporal, o comportamento espacial e extralinguístico etc.

Há diferentes formas de interação que se categorizam em três dimensões[34]:

1. **Social**: construída nas relações entre as pessoas e delas com o mundo.

2. **Técnica de tipo analógico-mecânico**: trata-se de processo interativo do ser humano com as tecnologias analógicas, categorizadas nos níveis 0, 1 e 2:

- no caso do televisor, nos tempos da TV preto e branco, ocorreu a interação técnica de nível 0. As ações eram limitadas a ligar e desligar, mudar de um canal para outro (máximo dois canais);

- o nível 1 corresponde à maior liberdade de escolha de canais que permite "zappear";

---

[31] O termo *interagente* é uma tradução livre "de *interactant* [...] que emana a própria idéia de interação". PRIMO, Alex. Enfoques e desfoques no estudo da interação mediada por computador. **Secretaria Municipal de Educação de Duque de Caxias**, ano 5, n. 45, p. 1-16, 2005. Disponível em: http://smeduquedecaxias.rj.gov.br/nead/Biblioteca/Forma%C3%A7%C3%A3o%20Continuada/Tecnologia/cibercultura/Enfoques%20e%20desfoques%20no%20estudo%20da%20intera%C3%A7%C3%A3o%20mediada%20por%20computador.pdf. Acesso em: 15 ago. 2023. p. 2.

[32] PRIMO, 2007.

[33] A interação social foi referência para as investigações dos interacionistas simbólicos cujo quadro teórico foi organizado por Georg Herbert Mead, nos anos 20 e 30 do século XX, sendo Herbert Blumer seu grande disseminador. Os pressupostos básicos dessa teoria são que os indivíduos agem com base nos significados representativos de suas interações sociais.

[34] LEMOS, 1997.

- no nível 2, mediante a implementação de outros equipamentos no televisor, o telespectador passa a utilizar esse aparato para outros fins, seja para assistir, gravar filmes ou jogar.

3. **Técnica tipo eletrônico-digital**: a pessoa pode modificar a informação, o conteúdo e não somente os dispositivos. Ou seja, o foco está no processo de interação do humano com o conteúdo. Nessa perspectiva, pode-se modificar, por exemplo, o teor de um texto, possibilitando a coautoria.

A interação é um processo que se realiza a partir do encontro de duas ou mais pessoas, em situações de presença física ou mediada por algum aparato tecnológico de comunicação. Nesse sentido, pode ocorrer a interação entre os atores e, ainda, a interação com o meio tecnológico[35].

A interação unidirecional é aquela em que não se evidenciam maiores trocas comunicativas e pode ocorrer tanto com os aparatos tecnológicos, como o livro, o rádio, ou televisão, o computador, quanto com as pessoas. Por outro lado, com o avanço das tecnologias, os computadores conectados à internet possibilitam a "interação comunicativa" que seriam como ações comunicativas, processos de comunicação interpessoal[36]. Essa definição sobre as formas de interação se aproxima do pensamento de Primo[37] sobre duas formas de interação mediadas por computador: a interação reativa e a interação mútua.

A **interação reativa** é pautada pela previsibilidade, por informações pré-determinadas e pelo estímulo-resposta. Ela pode ocorrer nas relações entre máquinas, entre ser humano e máquina e entre os seres humanos. A interação reativa pode acontecer infinitamente nas trocas que são constituídas sempre pelos mesmos *inputs* e *outputs*. Essas trocas são estabelecidas por condições iniciais impostas por,

---

[35] BELLONI, 2003.
[36] KENSKI, Vani Moreira. **Educação e tecnologias o novo ritmo da informação**. Campinas: Papirus, 2007b.
[37] PRIMO, 2007.

pelo menos, um dos atores da interação. As trocas reativas podem ser repetidas à exaustão mesmo ocorrendo em situações variadas[38].

Já a **interação mútua** apresenta como características: a cooperação, o intercâmbio, o debate, a transformação mútua e a negociação[39]. Ela acontece necessariamente nas relações entre humanos, por exemplo, em um fervoroso debate entre interagentes, em um *chat*, em um fórum ou em uma lista de discussão. Nessa perspectiva, o conflito de ideias é entendido como um processo cooperativo; o conflito não é antagônico à cooperação, não é contraditório, desagregado, desprendido. A única separação é conceitual, pois essa forma de interação não se configura, necessariamente, em processos consensuais, e sim na busca da construção, reconstrução e produção do conhecimento de forma interdependente e recursiva. Nesse sentido, a interação mútua se pauta por suas características qualitativas, possibilitando aos interagentes se afetarem mutuamente, por meio de sua participação cooperada na construção do relacionamento[40].

Nos processos interativos, mediados por computador, pode ocorrer a multi-interação, pois ao mesmo tempo em que ocorre a interação com o computador, acontece também a interação com as pessoas.

No Quadro 1, apresento os aspectos que caracterizam ambas as formas de interação.

---

[38] PRIMO, Alex; TEIXEIRA, Fernando. Ferramentas de interação em ambientes educacionais mediados por computador. **Educação**, [S. l.], v. 24, n. 44, p. 127-149, 2001. Disponível em: http://www.nuted.ufrgs.br/oficinas/oficinas/interacao/ferramentas_interacao.pdf. Acesso em: 10 jun. 2023.
[39] Item.
[40] Primo (2007, p. 203) salienta que: "[...] conflito e cooperação, por não serem extremos opostos, separados por um vazio abismal, só podem de fato ser separados conceitualmente. Pergunta-se: a discórdia entre colegas em um debate no MSN sobre o hipertexto que constroem para uma disciplina é cooperação ou conflito?".

Quadro 1 – Modelo sistêmico das formas de interação

Aspectos	Interação reativa	Interação mútua
Sistema	Fechado	Aberto
Processo	Estímulo-resposta	Negociação
Operação	Fechada na ação e na reação	Ações interdependentes
Fluxo	Linear, unilateral, predeterminado em eventos isolados	Dinâmico, em desenvolvimento
Throughput[41]	Mero reflexo ou automatismo	Decodificação e interpretação podem gerar nova codificação
Relação	Causa gera determinado efeito	Construção negociada definida e redefinida constantemente
Interface	Interface potencial	Interfaceiam virtualmente, dois ou mais agentes em constantes atualizações

Fonte: a autora com base em Primo (2000)

Ademais, Fisher e Adams[42] apresentam características qualitativas da interação que contribuem para o desenvolvimento deste estudo. São quatro características primárias e quatro secundárias, sendo as últimas provenientes das primeiras.

Características primárias

Descontinuidade: processos interativos podem ocorrer com espaços, intervalos de tempo, sendo as relações duradouras ou não.

Sincronia: evidencia-se um padrão nos eventos interativos, que passam a ser reconhecidos, pois se encaixam em uma progres-

---
[41] "O que se passa entre uma ação e outra [...] entre um *input* e um *output*". PRIMO, Alex. Interação mútua e reativa: uma proposta de estudo. **Revista da Famecos**, Porto Alegre, n. 12, p. 81-92, jun. 2000. p. 8.
[42] FISHER B. Aubrey; ADAMS, Katherine L. **Interpersonal communication**: pragmatics of human relationships. Nova York: Randon House, 1994.

são lógica. Os aspectos históricos da relação é que determinam essa característica.

Recorrência: a interação realiza-se enquanto ocorrem eventos interativos, mesmo que descontínuos. A recorrência não necessariamente determina ou simboliza que há ou haverá uma intimidade maior.

Reciprocidade: aspecto da interação em que o interagente responde à definição do outro sobre a relação. Essa característica é parâmetro para que a sincronia se mantenha.

Características secundárias

Intensidade: relacionada ao grau, ao nível do relacionamento, à ligação, ponto que aproxima os interagentes.

Intimidade: nível de proximidade, de familiaridade entre os interagentes.

Confiança: segurança de um com relação ao outro, a ponto de correr riscos por ele.

Compromisso: o nível com que cada participante se coloca no relacionamento, se envolve, se compromete.

As características secundárias, sendo provenientes das primárias, representam relações consolidadas. Ocorre que nem sempre as relações em vivências presenciais, ou em ambientes virtuais, chegam a efetivar todos os processos. As relações vão sendo construídas no processo e podem desencadear:

Integração e comunhão: são resultado de processos interativos contínuos, com elevada reciprocidade e sincronia. É uma efetiva promoção da intimidade e da confiança.

Comunhão e desintegração: é a representação de que algo não está bem na relação. Uma das características dessa situação é a realização de processos interativos esporádicos, e assim as relações podem tornar-se descomprometidas.

Individualismo e desintegração: esse processo é caracterizado por eventos interativos rápidos e esporádicos. As características primárias raramente se apresentam nessa relação.

Individualismo e integração: representam relações em que as pessoas não são muito próximas. A relação é, de certa forma, bem definida, sem ocorrência de intimidade e compromisso, e, normalmente, as características primárias encontram-se presentes na relação.

O vínculo possibilita que a corrente de significados se estabeleça em um grupo. Ele é o cimento que liga e religa os processos interativos. O papel do mediador pedagógico é promover a abertura de espaços para processos interativos contínuos[43]. A educação se configura no processo em que é necessário a interação com pessoas e a dinâmica como os atores atuam, influenciam efetivamente o seu desenvolvimento.

O MEC/Seed, por meio dos *Referenciais ⸱e quali⸱a⸱e para a e⸱ucação superior a ⸱istância*[44], enfatiza a importância da interação todos-todos, professor e aluno, tutor e aluno, professor e tutor, aluno e aluno, vislumbrando contribuir para a interdisciplinaridade, possibilitando a integração, a solidariedade, o sentimento de pertencimento em detrimento do isolamento. Sobre a interação na relação dos atores, apresentamos as seguintes considerações:

- **Interação aluno e conteúdo**: deve ser facilitada pelo professor. O processo de interação do aluno com o conteúdo propicia que ele elabore seu conhecimento e implica alterações da sua compreensão sobre determinado assunto.

- **Interação aluno e professor**: tendo como referência o conteúdo estudado pelo aluno inicialmente, cabe ao pro-

---

[43] MORAES, Maria Cândida. Educação à distância e a ressignificação dos paradigmas educacionais: fundamentos teóricos e epistemológicos. *In*: MORAES, Maria Cândida; PESCE, Lucila; BRUNO, Rocha Adriana. **Pesquisando fundamentos para novas práticas na educação online**. São Paulo: RG Editores, 2008. p. 19-53.

[44] BRASIL, 2007.

fessor, o papel fulcral de mediar a interação do aluno com o conteúdo. A interação professor-aluno é um processo relevante em virtude de promover o interesse do aluno pelo conteúdo estudado, bem como para efetuar a aprendizagem.

- **Interação aluno e aluno**: é normalmente considerada pelos alunos como um aspecto que estimula, motiva e pode contribuir para que todos reflitam sobre o conteúdo estudado[45].

Dessa forma, as interfaces comunicativas nos espaços virtuais de aprendizagem tornam-se um grande palco onde as luzes, em certo momento, estão focadas em um ator e, em outro momento, em outro, tecendo a grande rede de aprendizagem. Para os atores sentirem-se incentivados a interagirem em um curso on-line, os processos interativos devem ter sentido, significado, para o aluno e para o professor, que precisa atuar como mediador pedagógico, envolver e estar envolvido.

Evidencia-se a necessidade do devido conhecimento sobre processos interativos, suas causas e como promovê-los em cursos on-line[46]. Apesar de as interações serem mediadas por tecnologias, trata-se de um processo de relações humanas, comunicação entre pessoas. Por isso, os aspectos da interação e da mediação pedagógica merecem uma atenção especial. Não se trata de máquina falando com máquina. A educação é por natureza um ato de comunicação. Mediada por máquina, ela continua sendo a interação humana e, no caso específico da EOL, a questão da mediação pedagógica é fundamental. O curso que não atentar para a importância destes elementos da mediação pedagógica, evidentemente pode ter problemas na qualidade do trabalho que pretende.

2.3 Mediação pedagógica

Mediar é expressão proveniente do latim *mediare*, e significa repartir, estar entre dois pontos. A mediação define-se como ato, ação entre, intervenção por intermédio.

---

[45] MOORE, Michael; KEARSLEY, Greg. **Educação a distância**: uma visão integrada. São Paulo: Tomson Learning, 2007.
[46] Idem.

A mediação pedagógica é uma conduta, uma maneira de o docente atuar como intermediador, estimulador, promotor da aprendizagem. Ele se coloca como meio para facilitar o processo de aprendizagem do aprendiz, em um processo cíclico e ativo[47]. A analogia da atuação do professor com uma ponte remete a um processo no qual o professor age para possibilitar ao aluno alcançar novos conhecimentos, saindo da condição que estava. Nesse processo, o professor também se transforma. Para Moraes[48], a metáfora da ponte é também a representação do aluno autor e produtor de seu conhecimento, em processo de sincronia com o professor – ambos atuam como coautores e coprodutores do conhecimento intelectual.

Bruno[49] tece críticas ao uso do adjetivo facilitador para designar as formas de abordagem do mediador pedagógico, pois o que acontece é justamente o contrário: na mediação se evidencia a problematização do conhecimento. Assim sendo, desafios e mudanças são primordiais ao processo educativo, pois é necessário conceber o aluno como sujeito que possui saberes.

Nesse sentido, o mediador pedagógico é aquele que[50]:

- predispõe-se a atuar com foco na aprendizagem;
- planeja, conforme as necessidades do aluno que é o centro do processo educativo;
- promove a aprendizagem a partir de ações conjuntas, pautadas pela corresponsabilidade no processo educativo;

---

[47] MASSETO, Marcos T. Mediação pedagógica e o uso da tecnologia. *In*: MASSETO, Marcos T.; BEHRENS, Marilda Aparecida; MORAN, José Manuel (org.). **Novas tecnologias e mediação pedagógica**. Campinas: Papirus, 2000. p. 133-173. Disponível em: https://www.academia.edu/10222269/Moran_Masetto_e_Behrens_NOVAS_TECNOLOGIAS_E_MEDIA%C3%87AO_PEDAGOGICA. Acesso em: 11 mar. 2024.

[48] MORAES, Maria Cândida. **Educar na biologia do amor e da solidariedade**. Petrópolis: Vozes, 2003.

[49] BRUNO, Adriana Rocha. Mediação partilhada e interação digital: tecendo a transformação do educador em ambientes de aprendizagem online, pela linguagem emocional. *In*: MORAES, Maria Cândida; PESCE, Lucila; BRUNO, Rocha Adriana. **Pesquisando fundamentos para novas práticas na educação online**. São Paulo: RG Editores, 2008.

[50] MASSETO, *op. cit.*

- desempenha um papel de orientador e interlocutor;
- atua com base na cooperação e promoção da interaprendizagem;
- possibilita a construção do conhecimento por meio do diálogo;
- debate o conteúdo, não apenas o transmite.

A mediação pedagógica é um processo dinâmico e ativo de construção de conhecimento que envolve um movimento, integrado e afetivo, entre professor e aluno, por meio das interações dos sujeitos em situação de aprendizagem[51]. Nesse movimento, o aluno, ao compreender sua importância no processo, em geral, apresenta-se mais estimulado a integrar-se no desenvolvimento das atividades[52].

Há a necessidade de o professor, o mediador pedagógico, e do aluno conhecerem realidades e expectativas. Dessa forma, a prática pedagógica deverá propiciar momentos em que os alunos falem sobre si, sua realidade e suas expectativas, para que essa percepção seja possível[53]. Assim, os interesses e o contexto do aluno poderão ser alinhavados aos objetivos do curso, criando meios para uma efetiva problematização. A partir desses pontos, haverá a possibilidade de compreender os nós da teia de relações entre os atores e, especificamente, o que mobiliza e nutre essa rede. Esse viés é um dos fatores que podem promover vínculos entre os atores e mais e mais interações, entendidas como o caminho necessário para a aprendizagem.

---

[51] BRUNO, *op. cit.*
[52] SOUZA NETO, Manoel Fernandes de. O ofício, a oficina e a profissão: reflexões sobre o lugar social do professor. **Cadernos Cedes**, Campinas, v. 25, n. 66, p. 249-259, maio/ago. 2005. Disponível em: https://www.scielo.br/j/ccedes/a/Cwf9njhMD9TfxmCvnZFhvNy/?format=pdf&lang=pt. Acesso em: 20 maio 2023.
[53] OKADA, Alexandra Lilaváti Pereira. Desafio pra EAD: como fazer emergir a colaboração e a cooperação em ambientes virtuais de aprendizagem? *In*: SILVA, Marco (org.). **Educação online**. São Paulo: Loyola, 2003. p. 273-291.

2.4 Mediação pedagógica: papéis do professor e do aluno

No contexto das tecnologias digitais, a mediação pedagógica é impulsionada em virtude das possibilidades e das exigências apresentadas nos espaços virtuais[54]. A aprendizagem é envolvida pela interação com o conteúdo, interação com os professores e colegas do curso, de maneira concomitante, em detrimento da memorização[55].

Nesse contexto, o professor deve possibilitar o desenvolvimento de novos conhecimentos e aprendizagens a partir da abertura a processos interativos contínuos para uma aprendizagem em um nível mais elevado por meio de[56]:

- avaliação de ações específicas do aluno;

- afetividade, que contribui para resultados positivos, sobretudo quando é realizada avaliação detalhada de pontos específicos do trabalho do aluno;

- comentários avaliativos e elaboração das atividades, mediante perguntas, os quais podem promover a interação e o envolvimento do aluno. As perguntas devem ser o reflexo da busca do aprofundamento da questão estudada;

- perguntas específicas, as quais são uma excelente forma de mediação, pois podem instigar o aluno para a criação, promover a proximidade entre os atores e contribuir para que criem laços e construam o conhecimento;

---

[54] SOUZA, Alba Regina Battisti de; SARTORI, Ademilde Silveira; ROESLER, Jucimara. Mediação pedagógica na educação a distância: entre enunciados teóricos e práticas construídas. **Revista Diálogo Educacional**, Curitiba, v. 8, n. 24, p. 327-339, maio/ago. 2008.

[55] BERGE, Zane L. The role of the online instructor/facilitator. **Educational Technology**, [s. l.], v. 35, n. 1, p. 22-30, 1995. Disponível em: https://courses.dcs.wisc.edu/design-teaching/FacilitationManagement_Spring2016/facilitation-module/1_Online_Instructor_Roles/resources/roi_Berge-Role%20of%20the%20Online%20Instructorr.pdf. Acesso em: 19 maio 2023.

[56] GERVAI, Solange Maria Sanches. **A mediação pedagógica em contextos de aprendizagem online**. 2007. Tese (Doutorado em Lingüística Aplicada e Estudos de Linguagem) – Pontifícia Universidade Católica de São Paulo, São Paulo, 2007. Disponível em: http://www.leffa.pro.br/tela4/Textos/Textos/Teses/Solange_Gervai.pdf. Acesso em: 20 maio 2023.

- perguntas orientadoras, as quais são um bom caminho para convidar o aluno a refletir sobre a atividade que realizou, tendo como referência os apontamentos realizados pelo professor;

- um caminho para promover a interação, com o uso de uma "linguagem mais modalizada", apontando primeiro as questões positivas e, posteriormente, as que é preciso melhorar;

- uma mediação do professor nos fóruns, a qual é fundamental para um processo efetivo de interação dos pares e concretização do debate;

- uma mediação problematizadora, a qual é uma forma de incentivo para os alunos interagirem em busca da solução, promovendo mais ações colaborativas e aprendizagem.

Caminha-se, assim, para a realização da mediação pedagógica pautada no enfoque da complexidade, voltada para um processo mais profundo permeado tanto por interações mútuas, pela negociação significativa na relação professor e aluno, quanto pela retroalimentação, em que o aluno também tem um papel fulcral. A comunicação, na perspectiva da mediação pedagógica, pautada pela complexidade, não é reduzida a eventos isolados, não contínuos, permeados de interrupções e suspensões de mensagens, baseadas em perguntas e respostas automáticas em uma perspectiva linear. A mediação pedagógica se traduz em um processo de coevolução, como consequência de uma trajetória de processos interativos recorrentes[57].

Dadas as características da EOL, que privilegia processos sincrônicos ou assincrônicos, faz parte do processo de mediação eficaz a atenção ao tempo dos retornos aos alunos. Dessa forma, o AVA deve ser acessado diariamente e as questões respondidas imediatamente ou no máximo em vinte e quatro horas, conforme

---

[57] MORAES, 2003.

nos indica Kenski[58]. Para Palloff e Pratt[59], o professor precisa ter em mente a necessidade de dois tipos de *fee▸backs*: um sobre o conteúdo, e outro de reconhecimento do empenho do aluno.

Em síntese: a mediação pedagógica está ligada, especificamente, à postura do professor em um processo em que professor e alunos são protagonistas. O mediador pedagógico é aquele que promove interações com o aluno e o instiga para que a aprendizagem seja realizada na ação entre os atores, evidenciando-se a interaprendizagem em diferentes situações no AVA.

---

[58] KENSKI, Vani Moreira. Perfil do tutor de cursos pela internet: o caso do SEBRAE. **Linhas Críticas**, Brasília, v. 13, p. 53-76, 2007a.

[59] PALLOFF, Rena M.; PRATT, Keith. **O aluno virtual**: um guia para trabalhar com estudantes on-line. Porto Alegre: Artmed, 2004.

3

INTERAÇÕES NA EDUCAÇÃO A DISTÂNCIA E NA EDUCAÇÃO ON-LINE

3.1 Educação por correspondência

A EaD, iniciou no Brasil no final do século XIX. Contudo, somente em 1971, na Lei n.º 5.692[60], em seu Art. 25 § 2º, registrou-se que os cursos supletivos poderiam ser ministrados em sala de aula, ou por meio de rádio, televisão, correspondência e outras tecnologias. A lei citada foi revogada pela Lei de Diretrizes e Bases da Educação Nacional, a Lei n.º 9394/96[61].

O pagamento do curso, o material didático impresso, as lições, os trabalhos, as provas e "o processo de mediação entre aluno e tutor ou professor ou instrutor ser realizado por meio de cartas[62]"caracteriza a educação por correspondência e um dos seus desafios era a aproximação dos atores.

Em sua trajetória, a EaD foi incorporando formas que pudessem aproximar professores e alunos, já que a distância física era historica-

---

[60] BRASIL. **Lei n. 5.692, de 11 de agosto de 1971.** Fixa diretrizes e bases para o ensino de 1° e 2º graus, e dá outras providências. Brasília, DF: Presidência da República, [1971]. Disponível em: https://www.planalto.gov.br/ccivil_03/leis/l5692.htm. Acesso em: 8 abr. 2023.

[61] BRASIL. **Lei n. 9.394, de 20 de dezembro de 1996.** Estabelece as diretrizes e bases da educação nacional. Brasília, DF: Presidência da República, 1996. Disponível em: http://www.planalto.gov.br/ccivil_03/leis/l9394.htm. Acesso em: 13 maio 2023.

[62] PALHARES, Roberto. Aprendizagem por correspondência; *In*: LITTO, M. Frederic; FORMIGA, Marcos (org.). **Educação a distância**: o estado da arte. São Paulo: Pearson Education do Brasil, 2009. p. 48.

mente considerada um dificultador. Peters[63] apresenta um quadro de métodos organizados na tentativa de aproximá-los. Na educação por correspondência, a comunicação ocorria a partir das cartas, enviadas por um sistema postal, normalmente viabilizado por trens. As cartas eram escritas pelo professor em tom pessoal e informal para estabelecer relação amigável com o aluno para tornarem-se mais próximos. Outra forma de tentar aproximar pessoas era a simulação de conversa entre professor e aluno. Ao professor, autor do curso, cabia elaborar conteúdos que contemplassem uma "conversa didática" escrita em estilo pessoal. No modelo professoral, a ideia era o docente fazer-se representar nos textos. Outra estratégia seria elaborar textos com títulos chamativos, vislumbrando o direcionamento e a memorização. A aula realizava-se na leitura do texto. Com relação ao tutor, o texto cumpria a função de aproximar aluno e professor por meio da simulação de conversa, de diálogo com um tutor imaginário que perguntava, dava recomendações e explicações de sentido.

Na EaD por correspondência, realizava-se a interação reativa – o aluno fazia a leitura e a ela reagia. Havia o entendimento de que materiais elaborados para cursos a distância eram autossuficientes para originar propostas de aprendizagem. Essa é uma prática discutível, pois as aulas convencionais normalmente não são suficientes para assegurar bons resultados da aprendizagem, e é complexo considerar que um material assegure definitivamente a aprendizagem[64].

3.2 Educação por multimeios

A EaD por multimeios, baseada em tecnologias analógicas, lançava mão do uso de rádio[65], televisor[66], fitas de áudio e vídeo,

---

[63] PETERS, Otto. **Didática do ensino a distância**: experiências e estágio da discussão numa visão internacional. São Leopoldo: Ed. Unisinos, 2001.

[64] LITWIN, Edith. **Educação a distância**: temas para o debate de uma nova agenda educativa. Porto Alegre: Artmed, 2001.

[65] A Rádio Sociedade do Rio de Janeiro, fundada em 1923, tinha como foco a educação popular.

[66] Iniciou-se, em 1961, com a implementação da Fundação João Batista do Amaral, no Rio de Janeiro. Os telecursos são os responsáveis pela popularização do uso da televisão na EaD. A exibição do Telecurso 1º Grau iniciou-se em 1981.

além dos materiais impressos. Com relação ao rádio, o aluno podia ligá-lo e desligá-lo, trocar de faixa e ouvir a voz do professor. Por mais que a mente do aluno estivesse inquieta, reflexiva sobre o assunto exposto, a possibilidade de interação com o professor aconteceria somente por outros meios, como carta e telefone, usualmente em momentos distintos à transmissão da programação. Nesse quadro, portanto, apresenta-se, mais uma vez, a interação reativa.

A incorporação do televisor promoveu a possibilidade de se ver o professor ou um ator que simula o professor, o transmissor de saberes. Ou seja, com esse aparato, além das características do uso do rádio, ligar e desligar, mudar de canal, mudar de frequência, basicamente o que é novo é que o aluno vê o professor em imagens estáticas ou em movimento. Para Barreto[67], a vantagem dessa modalidade é a capacidade de contextualização do assunto por meio da apresentação de situações que as pessoas vivenciam em seu cotidiano, o que torna as aulas mais atrativas, além de permitir o uso de linguajar mais acessível. Entretanto, ainda se repete a interação reativa.

De outra forma, por meio do televisor, é possível realizar a teleconferência. Ela tem, como característica, a comunicação unidirecional e, normalmente, é voltada para um número elevado de pessoas, em uma educação em massa. Nesse modelo, o aluno assiste à teleaula em uma telessala e o professor fica em um estúdio. Ao aluno é possível visualizar o professor e os aparatos utilizados por ele. Dependendo do modelo adotado, pode ocorrer de o professor visualizar o aluno e o espaço em que ele se encontra. É possível ao aluno buscar o esclarecimento de dúvidas por telefone, fax ou computador, podendo ser atendido no decorrer da aula ou posteriormente a ela. Com a possibilidade de comunicação após a aula, no atendimento personalizado, individualizado, seja por meio do telefone e, mais recentemente, pelo computador, usando, por exemplo, o e-mail, cria-se a probabilidade de ir além da interação reativa, mas não se garante totalmente essa evolução. Dessa forma,

---

[67] BARRETO, Hugo. Aprendizagem por televisão. *In*: LITTO, M. Frederic; FORMIGA, Marcos (org.). **Educação a distância**: o estado da arte. São Paulo: Pearson Education do Brasil, 2009. p. 449-454.

vislumbra-se, em potencial, o diálogo. Potencializam-se situações para a interação mútua. Ou seja, com a mesma tecnologia, pode-se realizar a interação reativa ou mútua, a diferença está na forma como os atores conduzem o processo de conversação. A interação mútua pressupõe o diálogo e ele deve ser possibilitado.

A videoconferência realizava-se entre duas ou mais salas, por meio da tecnologia, ponto a ponto ou multiponto[68]. Diferentemente da teleconferência, a videoconferência possibilita a comunicação bidirecional de forma sincrônica. Alunos e professores visualizam-se e comunicam-se por voz, usando microfones. De forma semelhante à teleconferência, a videoconferência possibilita interações reativas e mútuas.

3.3 Educação a distância e Educação on-line

O cenário da EaD passou por uma revolução quando foi promulgada a Lei n.º 9.394, que estabelece as Diretrizes e Bases da Educação Nacional. Em seu Artigo 80, a LDB estabeleceu o incentivo à EaD. No Decreto n.º 2.494, de 10 de fevereiro de 1998, consta que a EaD propicia a autoaprendizagem "[...] com a mediação de recursos didáticos sistematicamente organizados, apresentados em diferentes suportes de informação, utilizados isoladamente ou combinados, e veiculados pelos diversos meios de comunicação"[69].

Tal definição nos remete à ideia de estudo que se encerra na leitura de livros e materiais impressos ou na passividade da escuta de uma aula transmitida pelo televisor ou rádio. Dessa forma, a EaD implicaria um processo solitário e a desvalorização da mediação pedagógica e da interação dos atores para a aprendizagem. Endossaria ações em que o aluno estaria fadado a estudar sozinho.

---

[68] CRUZ, Dulce Márcia. Aprendizagem por videoconferência. *In*: LITTO, M. Frederic; FORMIGA, Marcos (org.). **Educação a distância**: o estado da arte. São Paulo: Pearson Education do Brasil, 2009. p. 87-94.

[69] BRASIL. **Decreto n. 2.494, de 10 de fevereiro de 1998**. Regulamenta o Art. 80 da LDB (Lei n.º 9.394/96). Brasília, DF: Presidência da República, 1998. Disponível em: http://portal.mec.gov.br/seed/arquivos/pdf/tvescola/leis/D2494.pdf. Acesso em: 17 jun. 2023.

Essa definição foi modificada, posteriormente, pelo Decreto n.º 5.622, de 19 de dezembro de 2005. Em seu artigo 1º, o decreto caracteriza a EaD como uma modalidade de educação que privilegia a mediação pedagógica e que faz uso das tecnologias digitais de informação e comunicação, ou seja, apresenta-se no referido decreto a evidente necessidade de mudança de paradigma no papel do professor, notadamente nesse contexto de inovação tecnológica.

O Decreto n.º 9.057/2017[70] revogou o 5.622/2005 e apresentou no art. 1º nova redação ao conceito. Incluiu-se, no texto, a necessidade de qualificação para as pessoas que atuam nessa área e o acesso pautado por políticas, com acompanhamento e avaliação adequados.

Nesse ínterim, a Word Wide Web se popularizou e a internet comercial se tornou acessível no Brasil em 1995. A noção de tempo e espaço modifica-se, pois o espaço virtual é simbolizado pela imaterialidade e transpõe limites territoriais[71].

Ainda na década de 1990 o computador tornou-se mais acessível e na EaD passou-se a utilizar o CD-ROM como suporte. Esse aparato tecnológico oferecia diferentes possibilidades. Por meio dele, era possível incluir textos, imagens, som e vídeo na prática pedagógica. Um dos diferenciais dessa tecnologia era a possibilidade de organização de hipertextos e da pesquisa no texto a partir de palavras-chave. Apesar de ser uma tecnologia mais moderna, persiste a interação reativa no apontar/clicar do *mouse*.

Na segunda metade da década de 1990, as instituições de ensino superior começaram a visualizar a possibilidade de ofertar educação com o uso do computador conectado à internet. Nesse período de transição do uso das tecnologias analógicas para as TDICs, na minha experiência como aluna, professora e pesquisadora, pude identificar oferta de cursos com o uso de diferentes aparatos tecnológicos:

---

[70] BRASIL. **Decreto n. 9.057, de 25 de maio de 2017**. Regulamenta o art. 80 da Lei nº 9.394, de 20 de dezembro de 1996, que estabelece as diretrizes e bases da educação nacional. Brasília, DF: Presidência da República, 2017. Disponível em: https://www.planalto.gov.br/ccivil_03/_ato2015-2018/2017/decreto/d9057.htm. Acesso em: 12 jun. 2023.

[71] LIBÂNEO, José Carlos; OLIVEIRA, João Ferreira de; TOSCHI, Mirza Seabra. **Educação escolar**: políticas, estrutura e organização. 2. ed. São Paulo: Cortez, 2005.

a. curso utilizou CD-ROM, com conteúdo em arquivo PDF que poderia ser impresso ou acessado e lido por meio da tela de computador, DVD com vídeos e áudios, e AVA;

b. curso utilizou CD-ROM, vídeos, teleconferência, material impresso e computador conectado à internet;

c. curso desenvolvido totalmente por meio do computador conectado à internet e web. Nesse modelo, o curso era totalmente baseado na leitura de escrita e imagens. Era possível visualizar os colegas de turma por meio de suas fotos disponibilizadas no AVA. O curso disponibilizava interface que permitia encontro sincrônico e assincrônico;

d. curso desenvolvido totalmente por meio do computador conectado à internet e web que, com o avanço das TDICs, passou a serem utilizados: áudios, vídeos, teleconferência, videoconferência, textos, hipertextos, interfaces para encontros sincrônicos e assincrônicos, produção e coprodução de conteúdos no espaço virtual.

Nos diferentes cursos, na medida que os aparatos tecnológicos foram utilizados somente como um meio de disponibilizar o conteúdo, apresenta-se a interação reativa e, em virtude da utilização do computador conectado à internet e web, abriu-se possibilidades de interação com a máquina e com as pessoas por meio de interfaces para encontros sincrônicos ou assincrônicos, possibilitou-se a interação reativa (que pode ocorrer na relação com os aparatos tecnológicos e entre as pessoas) e a interação mútua que acontece necessariamente entre as pessoas.

Santos[72] indica que EaD se caracteriza, principalmente, pela "[...] separação física entre os sujeitos aprendentes e/ou formadores e seus dispositivos e narrativas de formação, a exemplo dos conteúdos, tecnologias, objetos de aprendizagem e o próprio universo cultural e comunicacional dos sujeitos".

---

[72] SANTOS, Edméa. **Pesquisa-formação na cibercultura**. Teresina: Edufpi, 2019. p. 62.

Nesse período de transição do uso das tecnologias, e na atualidade, foi possível identificar a integração do conceito de EaD com EOL configurando-se a EaD on-line. Contudo, Santos[73] defende a tese de que "[...] educação *online* de qualidade é um fenômeno da cibercultura" e não somente sinônimo ou uma modalidade da EaD.

Ao se tratar da qualidade em EOL, remete-se à importância da não subutilização do potencial das interfaces disponibilizadas pelas TDICs em virtude da Pedagogia da transmissão, arraigada na tradicional EaD e na educação presencial. A EOL vai além de ter disponível as TDICs e o AVA, trata-se, por seu turno, do "[...] conjunto de ações de ensino aprendizagem, ou atos de currículo mediados por interfaces digitais que potencializam práticas comunicacionais interativas, hipertextuais e em mobilidade.[74]"

A EOL acontece por meio das tecnologias digitais de informação e comunicação que possibilitam o diálogo, o debate e as diferentes formas de interação. Silva esboça que a EOL é

> [...] demanda da sociedade da informação, isto é do novo contexto socioeconômico tecnológico, engendrado a partir do início da década de 1980, cuja característica não está mais na centralidade da produção fabril, mas na informação digitalizada como nova infra-estrutura básica, como novo modo de produção. O computador e a internet definem essa nova ambiência informacional e dão o tom da nova lógica comunicacional, que toma o lugar da distribuição em massa própria da fábrica e da mídia clássica, até então símbolos societários.[75]

Potencializa-se uma nova lógica a partir da possibilidade de comunicação sincrônica e assincrônica entre um-um, todos-todos, todos-um, por meio de diferentes interfaces. Entretanto, a "educação presencial e à distância ainda se encontram centradas no modelo

---

[73] *Ibidem*, p. 64.
[74] *Ibidem*, p. 69.
[75] SILVA, Marco (org.). **Educação online**. São Paulo: Loyola, 2003. p. 11.

de distribuição para memorização, [...] o essencial e urgente é uma pedagogia baseada na participação, na comunicação"[76], que possibilite a construção do conhecimento baseado na colaboração.

Apresenta-se, desse modo, um paradigma emergente, uma nova referência científica, que requer, em caráter de urgência[77], práticas pedagógicas inovadoras, uma atuação que supere a fragmentação do conhecimento, formando o ser humano de forma ética e sistêmica a partir de ações que envolvam o diálogo, o trabalho coletivo e a efetiva participação de forma crítica de professores e alunos[78]. O paradigma que emerge demanda uma educação voltada para a aprendizagem e não para o ensino, além de demandar a transição de modelos que privilegiam a transmissão do conhecimento, pois o ponto central do processo de aprendizagem é a construção do conhecimento por meio de interações dos sujeitos que, pautados pelo valor da solidariedade, formam um todo[79].

Compreendo a EOL como aquela que acontece no espaço virtual, mediada por computador conectado à internet e à web, em um contexto em que as TDICs ultrapassam a característica de suporte ao possibilitarem multi-interações, ou seja, interação reativa e mútua simultâneas, debate, produção do conhecimento colaborativo, na relação dos interagentes, por meio de interfaces que possibilitam encontros sincrônicos ou assincrônicos. Nesse sentido, a EOL demanda metodologias específicas para essa nova ambiência.

Nesse universo desterritorializado, apresenta-se o que Lévy[80] denominou como *existência virtual*. Ao tratar da virtualização do corpo, ele esclarece que "[...] estamos aqui e lá, graças às técnicas de comunicação e telepresença"[81]. A virtualização do corpo não

---

[76] SILVA, 2002, p. 8.

[77] MORAES, Maria Cândida. **Pensamento eco-sistêmico**: educação, aprendizagem e cidadania no século XXI. Petrópolis: Vozes, 2004.

[78] BEHRENS, Marilda Aparecida. **O paradigma emergente e a prática pedagógica**. Petrópolis: Vozes, 2005.

[79] MORAES, Maria Cândida. **O paradigma educacional emergente**. 13. ed. Campinas: Papirus, 1997.

[80] LÉVY, Pierre. **O que é o virtual?** São Paulo: Ed. 34, 1996.

[81] LÉVY, 1996, p. 13.

pode ser relacionada à sua desmaterialização, mas à reinvenção, à multiplicação dele. Nesse sentido, na EOL,

> [...] os sujeitos podem até encontrar-se geograficamente dispersos, entretanto, em potência estão juntos e próximos, compartilhando informações, conhecimentos, seus dispositivos e narrativas de formação a partir da mediação tecnológica das e com as interfaces e dispositivos de comunicação síncronas e assíncronas e de conteúdos hipertextuais disponíveis no ciberespaço a partir do AVA.[82]

Conforme indica Johnson, o computador representa a "si" e ao interagente "para que a mágica da revolução digital aconteça"[83]. Nos espaços virtuais, as interações podem acontecer de forma direta, sendo representadas pelas interfaces que possibilitam diálogo e debate. Ao contrário da educação por correspondência, rádio e televisão, na EOL os aparatos tecnológicos não seriam um mero acessório. Eles são o próprio espaço em que as trocas e interações se realizam. Nesse sentido, o envio de mensagens poderá ser realizado de forma instantânea e o retorno, imediato. Demo[84] se posiciona a favor do uso do termo educação virtual ou algo semelhante para definir cursos mediados pelas TDICs. Esse autor também considera equivocada a caracterização de cursos presenciais e não presenciais.

3.3.1 Ambiente Virtual de Aprendizagem

O AVA possibilita o *estar junto virtual* que vai além das abordagens *broa*cast*, baseadas na disponibilização de pacotes instrucionais

---

[82] SANTOS, Edmea. Educação online como dispositivo na ciberpesquisa-formação. **Revista Tecnologias na Educação** – Ano 9, v. 20, p. 1-9. Edição Temática IV– Congresso Regional sobre Tecnologias na Educação (Ctrl+E 2017). Disponível em: https://tecedu.pro.br/wp-content/uploads/2017/10/Art9-vol.20-Edi%C3%A7%C3%A3o-Tem%C3%A1tica-IV-Outubro-2017.pdf. Acesso em: 11 mar. 2024. p. 3.

[83] JOHNSON, Steven. **Cultura da interface:** como o computador transporta nossa maneira de criar e comunicar. Rio de Janeiro: Jorge Zahar, 2001.

[84] DEMO, Pedro. Prefácio. *In*: MORAES, Maria Cândida; PESCE, Lucila; BRUNO, Rocha Adriana. **Pesquisando fundamentos para novas práticas na educação online**. São Paulo: RG Editores, 2008. p. 9-12.

e no estudo solitário do aluno. Isso ocorre pois o AVA se caracteriza pela relação de presença em que o professor acompanha, continuamente, o processo de aprendizagem do aluno, instigando-o à reflexão. Essa prática é referenciada por um processo interativo constante em diferentes momentos do curso, em encontros sincrônicos ou assincrônicos, promovendo efetivas aprendizagens[85].

Dessa forma, faz-se necessário que os trabalhos sejam realizados colaborativamente, para que esse espaço esteja em constante movimento de interação dos atores e, assim, propicie um sentimento de envolvimento e presença, na contramão da solidão, do isolamento.

Um AVA é um espaço abundante que potencializa tanto as possibilidades de interação entre as pessoas, e delas com a máquina, como a efetiva aprendizagem[86]. Cada AVA pode ser construído e utilizado de acordo com determinada proposta pedagógica. É preciso enfatizar que, para a efetiva usabilidade das diferentes interfaces de um AVA, faz-se necessário garantir ao aluno condições para o uso das tecnologias. Logo,-

> [...] é importante que o projeto pedagógico do curso, preveja, quando necessário, um módulo introdutório que leve ao domínio de conhecimentos e habilidades básicos, referentes à tecnologia utilizada e/ou conteúdo programático do curso, prevendo atividades de acolhimento ao estudante, assegurando a todos um ponto de partida comum[87].

Podemos encontrar ambientes virtuais organizados de diferentes formas, nos quais são disponibilizados espaços como o *chat*, o *portfólio*, o fórum, entre outros.

---

[85] PRADO, Maria Elisabette Brisola Brito; VALENTE, José Armando. A educação a distância possibilitando a formação do professor com base no ciclo da prática pedagógica. In: MORAES, Maria Cândida. **Educação a distância**: fundamentos e práticas. Campinas: UNICAMP/NIED, 2002. p. 27-38.

[86] SANTOS, Edméa Oliveira dos. Articulação de saberes na EAD online: por uma rede interdisciplinar e interativa de conhecimentos em ambientes virtuais de aprendizagem. In: SILVA, Marco (org.). **Educação online**. São Paulo: Loyola, 2003. p. 217-230.

[87] BRASIL, 2007, p. 10.

Chat é uma expressão do inglês e significa conversa informal, bate-papo. Em EOL, ele é usado, também, para a discussão de conteúdos. É uma interface para comunicação em tempo real, sincrônico. Esse aspecto pode ser considerado um dos dificultadores para seu uso, pois, normalmente, os alunos procuram por cursos dessa modalidade em virtude da flexibilidade de horários para estudo. Dessa forma, o planejamento de seu uso deve ser organizado dando possibilidade ao aluno de optar por diferentes horários e dias de encontro.

As trocas devem ser realizadas de maneira sucinta, com posicionamentos concisos. O *chat* não é adequado para trabalhar conceitos extensos. Faz-se necessário uma reflexão prévia do assunto a ser discutido e, para a discussão efetiva do assunto, é necessário um número pequeno de participantes, devidamente orientados para a utilização das convenções da escrita em *chat*[88]. Nesse sentido, essa interface possibilita interação mútua, de forma significativa, pois a lógica de seu funcionamento requer que a discussão ocorra em um movimento intenso e veloz, por meio dos intercâmbios textuais[89].

Embora seja possível, no *chat*, a interação mútua, uma de suas desvantagens é a necessidade de escrita e leitura rápidas, pois, por mais que a reflexão do texto tenha sido realizada anteriormente, outras questões certamente surgirão no decorrer do debate. Essa lógica, por um lado, pode dar dinamismo ao debate, por outro, pode não permitir a efetiva participação. Devido à velocidade das mensagens, o participante do *chat* pode ficar perdido entre ler, compreender e debater, considerando o tempo como não suficiente para que ele elabore seu pensamento no momento da discussão. A interlocução também pode ficar complicada para o professor, mesmo com um número reduzido de participantes. Desse modo, questões como o silêncio virtual[90] também devem ser pensadas. O professor deve

---

[88] VAVASSORI, Barreto Fabiane; RAABE, André Luís Alice. Organização de atividades de aprendizagem utilizando ambientes virtuais: um estudo de caso. *In*: SILVA, Marco (org.). **Educação online**. São Paulo: Loyola, 2003. p. 311-325.

[89] PRIMO; TEIXEIRA, 2001.

[90] GONÇALVES, Maria Ilze Rodrigues. Avaliação no contexto educacional online. *In*: SILVA, Marco; Edméa Santos (org.). **Avaliação de aprendizagem em educação online**. São Paulo: Loyola, 2006. p. 171-181.

ser profundo conhecedor do assunto em debate e deve dominar a metodologia adequada para o *chat*. Igualmente, o uso dessa interface pode ser um importante meio para colocar em prática o significado de turma, fundamental em cursos dessa modalidade[91].

É necessário que a interface para bate-papo sincrônico, o *chat*, esteja disponível no AVA do curso para que os alunos possam discutir assuntos que irão trabalhar em conjunto. Essa pode ser uma forma eficaz para os alunos não se dispersarem e formarem comunidades de aprendizagem[92].

Ramos, Friske e Andrade, chamam atenção para a importância de se considerar o processo interativo dos alunos e não somente o produto final. Assim, um espaço disponível para os alunos encontrarem-se com os colegas no AVA, bem como o acompanhamento desse processo interativo, seria essencial[93].

Concordo com esses autores e considero que essa interface deve ficar disponível para encontros informais também. Não é raro o aluno acessar o ambiente e sentir vontade de falar com alguém que está no ambiente, por coincidência, naquele momento. Seria como se o aluno estivesse conversando com seus colegas na cantina, no corredor da escola presencial. Esse aspecto possibilita mais interações e aproximação nas relações dos atores.

Em suma, o uso da interface *chat* deve ser bem planejado, levando em consideração os diferentes aspectos apresentados.

Já o *portfólio* é uma pasta ou cartão para guardar papéis[94]. Em processos educativos, o *portfólio* normalmente é utilizado para a avaliação da aprendizagem. Essa estratégia foi incorporada como uma nova possibilidade de avaliar os trabalhos que os alunos realizam

---

[91] KENSKI, Vani Moreira. Múltiplas linguagens na escola. *In*: CANDAU, Vera Maria. **Linguagens, espaços e tempos no ensinar e aprender**. Rio de Janeiro: DP&A, 2000. p. 123-140.
[92] PALLOFF; PRATT, 2004.
[93] RAMOS, Daniela Karine; FRISKE, Henriette; ANDRADE, Sônia Regina. Avaliação na educação a distância mediada por tecnologias: possibilidades e critérios. *In*: CONGRESSO INTERNACIONAL DE EDUCAÇÃO A DISTÂNCIA, 13., 2007. Curitiba. **Trabalhos científicos** [...]. Curitiba: ABED, 2007. Disponível em: http://www.abed.org.br/congresso2007/tc/55200790110PM.pdf. Acesso em: 17 jun. 2023.
[94] FERREIRA, 1999.

no decorrer do curso, sendo a representação dos melhores trabalhos, realizados a partir de autoavaliação criteriosa. Não se trata de compilação de trabalhos, de arquivo, de coleção, pois se baseia em fins educativos e proporciona a realização da avaliação formativa[95].

Essa forma de organização dos trabalhos dos alunos, tendo como aparato as tecnologias digitais, pode ser utilizada nas interfaces interativas do AVA, para os alunos compartilharem trabalhos com os colegas de curso e com o professor em momentos assincrônicos. É fundamental interpretar o *portfólio* como uma forma evidenciar e potencializar o compartilhamento da produção do sujeito com a turma. Além disso, o sujeito terá como papel concomitante o de autor e avaliador da sua obra e as dos seus pares[96]. Trata-se de uma forma de ampliar as possibilidades de interação e aprendizagem nos ambientes virtuais, contando com vivências pessoais dos alunos e conteúdo de sua autoria, potencializando trocas significativas. Nessa perspectiva, o *portfólio* ganha um movimento diferenciado, pois vai além da autoavaliação e da avaliação do professor, passa a ser um mecanismo de partilhar o conhecimento e experiências entre todos. O *portfólio* pode ser utilizado em conjunto com outras interfaces, mas seu processo interativo apresenta peculiaridades, características diferentes do fórum, por exemplo. Dessa forma, seus usos e finalidades não podem ser confundidos.

Fórum tem origem no latim *foro*. Significa "[...] praça pública na antiga Roma. Local para debates, ou reunião para o mesmo fim"[97]. Pode ainda ser denominado como "[...] congresso, conferência que se envolve em debate de um tema."[98]

Na EOL a interface fórum possibilita interações assincrônicas. É o local para o encontro dos alunos e professores, privilegiando

---

[95] VILLAS BOAS, Benigna Maria de Freitas. **Portfólio, avaliação e trabalho pedagógico**. Campinas: Papirus, 2007. (Coleção Magistério: Formação e Trabalho Pedagógico).

[96] SANTOS, Edméa Oliveira dos. Portfólio e cartografia cognitiva: dispositivos e interfaces na prática de avaliação formativa em educação online. *In*: SILVA, Marco; SANTOS, Edméa (org.). **Avaliação da aprendizagem em educação online**. São Paulo: Loyola, 2006. p. 315-331.

[97] FERREIRA, 1999, p. 849.

[98] HOUAISS, Antônio; VILLAR, Mauro; FRANCO, Francisco Manoel de Mello. **Dicionário Houaiss da língua portuguesa**. 3. ed. Rio de Janeiro: Objetiva, 2001. p. 1379.

processos de interlocução de cooperação e mais e mais interações, ações interdependentes. O fórum deve privilegiar múltiplas argumentações e a contraposição de ideias. Okada e Almeida consideram que na interface fórum

> [...] os participantes, ao ler as mensagens e dar continuidade ao diálogo com comentários críticos e argumentativos estão automaticamente avaliando as ideias já apresentadas. Isso evita os múltiplos monólogos quando uma questão ou desafio são propostos e cada um registra suas respostas repetidas, desarticuladas e desconectadas dos demais colegas.[99]

A interface fórum é um espaço em que podem ocorrer interações reativas e mútuas. As implicações estão ligadas ao objetivo pretendido. Ao ser utilizado para registro de opiniões com uma natureza estática, não se caracterizando um intercâmbio de ideias, o fórum se configura em um espaço de interações reativas. Quando é utilizado a partir de temas que proporcionam o debate, possibilita que as interações mútuas aconteçam[100].

Assim, é preciso esclarecer como usar o fórum, sua finalidade e as implicações de seu uso na perspectiva da aprendizagem. Utilizar o fórum para privilegiar interações reativas é subutilizar a interface e não dar movimento ao confronto de ideias, endossando a passividade, o conformismo e deixando de lado a criticidade e as possibilidades de avançar na construção do conhecimento.

No fórum, é possível promover debates que, realizados em tempos prolongados e com temas selecionados, devem propiciar a discussão ampla do assunto[101]. A possibilidade de receber mensagens de todos os participantes do grupo (professor, tutor e aluno) é um indicador de que o fórum é um excelente espaço pedagógico para

---

[99] OKADA, Alexandra Lilaváti Pereira; ALMEIDA, Fernando José de. Avaliar é bom, avaliar faz bem: os diferentes olhares envolvidos no ato de aprender. *In:* SILVA, Marco; SANTOS, Edméa (org.). **Avaliação da aprendizagem em educação online**. São Paulo: Loyola, 2006. p. 267-287. p. 275.
[100] PRIMO; TEIXEIRA, 2001.
[101] VAVASSORI; RAABE, 2003.

trocar ideias, discutir e debater, inclusive com outros especialistas. Para que essa dinâmica seja efetivada, privilegiando a participação de todos, evitando o desvio do tema, faz-se necessário um coordenador. Ele deve ser o seu próprio professor e, eventualmente, em situações específicas, poderá ser o aluno, contando evidentemente com a mediação do professor. Para atingir os objetivos do fórum, faz-se necessário instigar os alunos para o debate, para discussões consistentes, na perspectiva da construção dos saberes, referenciada pela presença virtual dos professores e dos alunos. As interações, no fórum, quando permeadas de reciprocidade, respeito e confiança, potencializam as relações interpessoais e afetivas[102].

Na dinâmica do fórum, é importante que o tema seja pertinente, as questões provocativas e de fácil interpretação, a linguagem clara e organizada de forma que todos tenham espaço na discussão, vislumbrando ampliar as ideias sem perder o foco[103].

Em síntese, a educação mediada por tecnologia, que se convencionou ser chamada de EaD, lançou mão de cada tecnologia disponível, partindo da carta, passando pelo rádio e pela TV, todos aparatos de natureza analógica e também digital, como o CD-ROM. Na atualidade, temos a educação mediada pelo computador conectado à internet e web, um novo cenário, com possibilidades e suas especificidades.

Com o uso da correspondência, do rádio, da televisão e do CD-ROM, as possibilidades se limitavam a interações reativas. Mais especificamente, com a teleconferência e videoconferência, abrem-se possibilidades de interação mútua dos atores utilizando-se o telefone para a primeira e, no caso da videoconferência, o microfone. Nesse contexto, a comunicação era necessariamente sincrônica. Na educação on-line, evidenciam-se possibilidades de

---

[102] REZENDE, Flávia; SANTOS, Henriette dos. Formação, mediação e prática pedagógica do tutor--orientador em ambientes virtuais construtivistas de aprendizagem. **Tecnologia Educacional**, [s. l.], v. 31, p. 157-158, abr./set. 2002.

[103] MARTINS, Janae Gonçalves *et al*. Usando interfaces online na avaliação de disciplinas semipresenciais no ensino superior. *In*: SILVA, Marco; SANTOS, Edméa (org.). **Avaliação da aprendizagem em educação online**. São Paulo: Loyola, 2006. p. 485-495.

comunicação sincrônica e assincrônica, mas o que determina que as interações aconteçam de maneira efetiva continua sendo o professor e o projeto educacional, bem como a abertura do aluno para as interações propostas ou estimuladas.

4

PAPÉIS DO PROFESSOR, TUTOR, MONITOR E ALUNO

4.1 Papel do professor e do tutor

Um dos pontos mais polêmicos na EaD é o papel do professor. Na EaD, verificam-se diferentes possibilidades de atuação do professor em que, normalmente, apresenta-se a separação burocrática de seus papéis, desvinculando o saber do fazer.

Na EOL, o currículo deve privilegiar ações interativas "[...] em que saber e fazer transcendem as atitudes burocráticas que separam quem elabora, quem ministra, quem tira dúvidas, quem administra o processo de aprendizagem e quem recebe os pacotes de informações"[104]. O que se deve ter é a presença do professor de forma integral na disciplina pela qual é responsável, participando efetivamente de todos os processos, no lugar do qual jamais deveria ter saído.

Eventualmente, há cursos em que o professor é aquele que de fato interage com o aluno. É possível identificar o professor que funciona como designer instrucional, ou simplesmente professor. É preciso atentar-se para que a presença do designer instrucional em um curso não retire certa responsabilidade do professor e ele passe a ser um mero executor das atividades. Kenski[105] esclarece que a área de designer instrucional é ampla e tem como ponto em comum a projeção de dinâmicas de ensino-aprendizagem.

---

[104] SANTOS, 2003, p. 218.
[105] KENSKI, Vani Moreira (org.). **Design instrucional para cursos online**. 2. ed. São Paulo: Artesanato Educacional, 2019.

Na perspectiva da abordagem sistêmica, os problemas complexos na educação podem ser mais bem resolvidos por meio de uma equipe especializada com diferentes competências que se combinam, em detrimento de trabalho isolado, seja do instrutor, professor ou do designer instrucional[106]. O designer instrucional atua pautado no presente e no futuro. Ele é o "[...] responsável por projetar soluções para problemas educacionais específicos"[107] e desenvolve o processo de projetos de ensino[108].

Em alguns cursos, há o professor-autor ou professor-conteudista que não atua em contato direto com o aluno. Seu papel é elaborar o conteúdo do curso[109], organizar textos e a estruturação do material didático. É necessário ao professor-autor o conhecimento das interfaces, dos recursos que o AVA disponibiliza, pois deverá, em conjunto com a equipe de trabalho, elaborar o conteúdo para privilegiar as potencialidades do ambiente[110]. Esse é o conteudista do qual trata Santos[111].

Nesse sentido, o professor vem assumindo um papel secundário em atividades assincrônicas em alguns cursos à distância. O título ou a designação professor sugere alguns poucos atores que atuam como palestrantes e que têm pouca ou nenhuma interação com os alunos[112].

Na escola tradicional, não há professor-conteudista. O conteudista é o autor do livro e ele não é citado. O professor-conteudista da EaD se aproxima do autor do livro didático da educação presencial. Nessa prática, o professor está afastado do aluno, pois se transfere a responsabilidade das interações com os alunos para o tutor.

---

[106] FILATRO, Andrea. **Design instrucional na prática**. São Paulo: Pearson Education do Brasil, 2008.
[107] *Ibidem*, p. 9.
[108] KENSKI, *op. cit.*
[109] MORAN, José Manuel. Contribuições para uma pedagogia da educação online. *In*: SILVA, Marco (org.). **Educação online**. São Paulo: Loyola, 2003. p. 39-50.
[110] MAIA, Carmem. **Guia brasileiro de educação a distância**. São Paulo: Editora Esfera, 2002.
[111] SANTOS, 2003.
[112] BORBA, Marcelo de Carvalho; MALHEIROS, Ana Paula dos Santos; ZULATTO, Rúbia Barcelos Amaral. **Educação a distância online**. Belo Horizonte: Autêntica, 2007.

Normalmente, as instituições que trabalham com EaD promovem essa divisão do trabalho em virtude de o professor implicar custos mais elevados. A adoção pelo tutor em lugar do professor é uma estratégia para reduzir os custos. Em alguns cursos, a quantidade de alunos é muito grande e a remuneração para que o professor atenda a todos os alunos seria inviável. E aí está a conveniência de trabalhar com a figura do tutor. Borba, Malheiros e Zulatto[113] consideram que o papel do tutor pode ser entendido como secundário. Não se trata de um rebaixamento automático da função do tutor, mas há de se ter cuidado em virtude da criação do piso salarial para o professor. A denominação de tutor pode simbolizar remuneração inferior à do professor.

Pode acontecer de o professor-autor atuar também como professor-tutor. Ele exerce o papel de professor. Gonzalez[114] atribui ao professor-tutor a responsabilidade de mediar o desenvolvimento do curso; responder a todas as dúvidas de conteúdo que o aluno apresenta na disciplina; mediar a participação dos alunos em situações de encontros sincrônicos no *chat*; estimular a participação de todos; cuidar para que as tarefas sejam realizadas; e avaliar os alunos.

Essa não é a realidade que o cenário da EaD apresenta, principalmente em situações em que há um quantitativo expressivo de alunos. Contudo, o professor, atuando nas dimensões de autoria e tutoria, implica-se em um processo mais natural por parte do tutor. O tutor deve atender, em média, 20 alunos, sendo esse número variável conforme as características do curso[115]. É preciso atentar-se pela necessidade de um atendimento de forma mais personalizada, o que demanda mais tempo. Dessa forma, a carga horária de trabalho do tutor também influencia nos processos interativos e deve ser organizada para privilegiar a qualidade das interações. Corrêa

---

[113] *Idem*.

[114] GONZALEZ, Matias. **Fundamentos da tutoria em educação a distância**. São Paulo: Avercamp, 2005.

[115] FLEMMING, Diva Marília.; LUZ, Elisa Flemming.; LUZ, Renato André. Monitorias e tutorias: um trabalho cooperativo na educação à distância. **ABED**, [s. l.], 2002. Disponível em: https://www.abed.org.br/site/pt/midiateca/textos_ead/678/2005/11/monitorias_e_tutorias_um_trabalho_cooperativo_na_educacao_a_distancia_. Acesso em: 17 jun. 2023.

chama atenção para que o trabalho do tutor não seja apenas "[...] um 'bico' e nem se reduza a um mero tira-dúvidas"[116].

Na realidade, o que se exige é o professor. Entretanto, o que se tem visto na prática é que as instituições têm usado o tutor fazendo o papel de professor. Dessa forma, configura-se uma divisão das funções docentes, representando o modelo fordista[117]. A adoção de modelos em que se apresenta a divisão de trabalho entre professor e tutor nos remete também a uma perspectiva taylorista. A essência do modelo burocrático de administração científica, de Frederick Taylor, era a fragmentação dos processos de trabalho, em que um é o responsável por pensar e planejar e o outro apenas por executar.

Igualmente, a opção por um modelo de curso em que há a presença do tutor nos direciona para uma forma de ensino terceirizado. Nesse caso, as relações professor e aluno são colocadas em segundo plano e o tutor tem o papel precípuo de "[...] reminiscência da relação mestre-aluno, forma um apêndice, remendo da modalidade de ensino a distância, que testemunha sua incapacidade de gerar processos educativos"[118]. Com a adoção do modelo em que o professor planeja e o tutor executa, o professor passa a ser objeto de recordação, pois não se evidencia a sua relação com os alunos, e sim o aumento da distância entre ambos. O professor torna-se intangível. Ele se apresenta como um artefato, uma peça na engrenagem. Deve-se ficar atento, pois a função de professor não se dá de forma isolada, aleatória, mas "[...] resulta de uma série de relações sociais com estatuto identitário."[119]

Silva[120] contesta a designação de tutor para os processos educativos. Esse papel é do professor, pois cabe a ele mediar o processo de aprendizagem em que o aluno será considerado o sujeito do pro-

---

[116] CORRÊA, Juliane. Reflexões sobre o desafio de ser tutor. **Formação**, Brasília, v. 2, n. 4, p. 35-42, jan. 2002. p. 42.

[117] Nesse modelo, a produção privilegia a especialização e a parcialização do trabalho.

[118] GUTIERREZ, Francisco; PRIETO, Daniel. **A mediação pedagógica**: educação a distância alternativa. Campinas: Papirus, 1994. p. 16.

[119] SOUZA NETO, 2005, p. 254.

[120] SILVA, 2003.

cesso. Não cabe ao professor ser o protetor, o defensor, o guardião, o conselheiro. Rezende e Santos[121] confirmam o pensamento de Silva e são contundentes em considerar que o termo tutor não comporta as atribuições necessárias ao mediador pedagógico.

O termo tutor é proveniente do latim *tutore* e significa "indivíduo legalmente encarregado de tutelar alguém. Protetor, defensor. Aluno designado como professor de outros alunos, em formas alternativas de ensino"[122]. Ou seja, o tutor é entendido como um auxiliar que não necessariamente possui conhecimentos equivalentes ao de um professor. O papel de conselheiro e protetor em processos educacionais é discutível, pois se faz necessário problematizar conhecimentos, trabalhar para que o aluno atue de forma autônoma na construção do conhecimento, e não simplesmente aconselhar e proteger. Tais aspectos podem implicar a passividade do aluno.

O Decreto n.º 5.622, no seu Art. 26[123], indica a necessidade de seleção e capacitação dos professores e tutores. Da mesma forma, nos *Referenciais de qualidade para a educação superior a distância*[124], prevê-se a presença do tutor nos cursos como fundamental e indispensável, cabendo a ele:

- esclarecer as dúvidas dos alunos por meio da interface fórum, por telefone, atuando em videoconferências e em outros meios que o projeto pedagógico (PP) prever;
- promover situações de construção de conhecimento a partir de interações todos-todos;
- selecionar o material de apoio e a sustentação teórica;
- atuar em situações de avaliação, juntamente aos professores.

---

[121] REZENDE; SANTOS, 2002.
[122] FERREIRA, 1999, p. 2020.
[123] BRASIL. **Decreto n. 5.622, de 19 de dezembro de 2005.** Regulamenta o art. 80 da Lei nº 9.394, de 20 de dezembro de 1996, que estabelece as diretrizes e bases da educação nacional. Brasília, DF: Presidência da República, 2005. Disponível em: https://www2.camara.leg.br/legin/fed/decret/2005/decreto-5622-19-dezembro-2005-539654-publicacaooriginal-39018-pe.html. Acesso em: 2 ago. 2023.
[124] BRASIL, 2007.

Importante observar que, nos *Referenciais de qualidade para a educação superior a distância*, uma das atividades do tutor é o esclarecimento de dúvidas que os alunos apresentam. Contudo, não se especifica os tipos de dúvidas – se são referentes ao conteúdo, ou aos processos, ou à interação com o AVA. Existem dúvidas de toda ordem e não necessariamente todas serão respondidas pelo tutor. Certamente, há dúvidas que o aluno apresenta que caberia ao professor como especialista no conteúdo contribuir para a solução dela.

Por vezes, o tutor apenas executa aquilo que o professor-autor ou conteudista planejou, elaborou, organizou, pois não participa do planejamento e não tem autonomia para modificar o que foi decidido antes. Importante salientar que existe curso de EaD em que o professor também não tem autonomia.

De forma efetiva é o modelo educacional que a instituição adota que norteia o papel dos professores e tutores nos cursos on-line. O correto seria o professor atuar efetivamente no processo educativo, sendo ou não autor de conteúdo.

4.2 Papel do monitor

O termo monitor vem do latim *monitore* e significa aquele que adverte, aconselha. É o estudante que auxilia o professor em uma classe desempenhando diferentes papéis[125].

Em EOL não é raro a presença do monitor. A figura do monitor começou a aparecer quando aconteceram os primeiros cursos desenvolvidos por meio da internet, ao se constatar que o professor não teria condições de atender a todas as necessidades dos alunos voltadas para aspectos operacionais dos ambientes virtuais[126]. Da

---

[125] FERREIRA, 1999.
[126] DÖDING, Magrit; MENDES, Rosana; KOVALSKI, Selma. O papel do monitor em cursos a distância através da Internet. *In*: CONGRESSO DE EDUCAÇÃO A DISTÂNCIA MERCOSUL, 7., 2003, Florianópolis. **Anais** [...]. Florianópolis: SENAI/CTAI, 2003. p. 264-269. Disponível em: http://aprendizadocontinuo.blogspot.com/2007/06/o-papel-do-monitor-em-cursos-distncia.html. Acesso em: 8 abr. 2023.

mesma forma, Paz[127] indica que a característica principal do trabalho do monitor está relacionada aos aspectos operacionais de acesso tecnológico. Ele não é o responsável por orientar questões pertinentes aos aspectos do processo de aprendizagem, não interfere ou não se envolve em questões de conteúdo ou de avaliação da aprendizagem, trabalho esse que diz respeito, especificamente, ao professor.

Exige-se do monitor amplo conhecimento do AVA. Entre as funções do monitor técnico elencadas por Döding, Mendes e Kovalski[128], destaco:

- solucionar dúvidas sobre questões operacionais e, se for o caso, encaminhar ao professor questões pertinentes ao conteúdo;
- assessorar o aluno para a efetiva usabilidade do AVA;
- comunicar-se constantemente com os alunos por diferentes meios;
- auxiliar tanto alunos como professores em dificuldades de ordem técnica no desenvolvimento de cursos e programas em um AVA;
- garantir a resolução dos problemas encontrados na utilização do AVA.

O papel do monitor técnico é fundamental para o bom andamento do curso, pois problemas de usabilidade e do funcionamento do AVA, necessariamente, implicam de forma negativa o desenvolvimento do curso.

4.3 Papel do aluno

O Decreto n.º 5.622, de 19 de dezembro de 2005, no Artigo 1º destaca a mediação didático-pedagógica[129] como eixo central do

---

[127] PAZ, Carolina Rodrigues *et al.* Monitoria online em educação a distância: o caso LED/UFSC. *In*: SILVA, Marco (org.). **Educação online**. São Paulo: Loyola, 2003. p. 327-344.
[128] DÖDING; MENDES; KOVALSKI, 2003.
[129] Trecho mantido no Decreto n.º 9.057/2017, que revogou o Decreto-Lei n.º 5.622/2005.

ensino e aprendizagem na EaD, pois no processo educacional é essencial a relação professor e aluno. Dessa forma, o papel do aluno não será de tarefeiro, aquele que apenas executa atividades[130], e sim o de interagir constantemente com professores, tutores e alunos conforme indicam os *Referenciais de qualidade da educação a distância*[131].

Na perspectiva do paradigma emergente, o aluno é compreendido como um ser que aprende e é atuante no contexto em que está inserido. Será um construtor de conhecimento utilizando seu lado racional, suas potencialidades criativas, seu talento, sua intuição, seu sentimento, suas sensações e emoções[132]. Nos espaços virtuais de aprendizagem, o aluno "[...] adentra e opera com os conteúdos de aprendizagem, propostos pelo professor. Neles inscreve sua emoção, sua intuição, seus anseios, seu gosto, sua imaginação, sua inteligência"[133]. O aluno atuaria como coautor, produtor, reconstrutor do conhecimento, descobrindo e transformando o conhecimento de forma ativa e não como mero receptor e reprodutor de conteúdos.

O aluno precisa ter disciplina, compromisso e realizar as atividades no tempo estipulado. Borba, Malheiros e Zulatto[134] consideram fundamental o aluno adaptar-se às situações diferenciadas dessa modalidade educacional. Assim, é preciso saber gerenciar seu tempo, ter autocontrole, dedicação, estar consciente da necessidade de ser participante ativo do processo de ensino e aprendizagem.

Espera-se, ainda, que o aluno atue como sujeito autônomo, responsável pela sua aprendizagem, o que não significa que irá estudar sozinho, digerindo pacotes instrucionais. Nesse sentido, o aluno autônomo tem a capacidade para[135]:

- tomar decisões a respeito de seu próprio aprendizado;

---

[130] MORAN, José Manuel. Ensino e aprendizagem inovadores com tecnologias audiovisuais e telemáticas. *In*: MORAN, José Manuel; MASETTO, T. Marcos; BEHRENS, Marilda Aparecida. **Novas tecnologias e mediação pedagógica**. São Paulo, Papirus, 2000. p. 11-65.
[131] BRASIL, 2007.
[132] MORAES, 1997.
[133] SILVA; CLARO, 2007, p. 85.
[134] BORBA; MALHEIROS; ZULATTO, 2007.
[135] MOORE; KEARSLEY, 2007.

- desenvolver um plano de aprendizado pessoal;
- encontrar recursos para o estudo em seu próprio ambiente comunitário ou de trabalho;
- decidir sozinho quando o progresso foi satisfatório.

É necessário que o aluno tome consciência de seu papel, buscando sua autonomia. Para Oliveira[136], a vontade e a disciplina devem caminhar aliadas a processos interativos entre todos-todos. O aluno deve[137]:

- pautar-se pela flexibilidade e pela abertura para experiências diferenciadas;
- evidenciar comportamentos interativos, independentemente da proposta pedagógica do curso;
- atuar como propositor de comunidades de aprendizagem;
- organizar o tempo para estudo semanal.

O papel do aluno na EOL se modifica pela característica da flexibilidade do tempo e pelas necessidades prementes do uso das tecnologias. Mas é preciso enfatizar que as questões pertinentes aos processos interativos dos atores e a necessidade de o aluno atuar na perspectiva da construção do conhecimento são papéis do aluno independentemente da modalidade de educação.

4.4 Papel do professor na sociedade digital

As TDICs não se configuram como um aparato que ocupa o lugar do professor, e sim como um meio que contribui, de forma significativa, para o diálogo, a comunicação interpessoal, a aproximação e a presença. O contexto educacional está em processo de transição paradigmática e há necessidade de práticas pedagógicas diferenciadas. Emergem perspectivas para o rompimento com o

---

[136] OLIVEIRA, Elisa Guimarães. **Educação a distância na transição paradigmática**. Campinas: Papirus, 2003.
[137] PALLOFF; PRATT, 2004.

paradigma conservador[138], pautado na fragmentação do conhecimento. Buscam-se formas de agir que priorizem a produção de conhecimento e, nos processos interativos, o caminho necessário para sua construção e reconstrução.

Em um contexto de uso das tecnologias, inclusive na possibilidade que elas abrem para a EOL, evidentemente o papel do professor precisa ser repensado. Não seria o papel do professor tradicional ou daquele professor da EaD que, no tempo da correspondência, despachava conteúdo e disparava a resposta. No tempo dos analógicos, privilegiava-se o falar/ditar do professor via aulas expositivas. Na atualidade, há uma transformação em virtude do avanço das tecnologias e das possibilidades do mundo digital. É de se esperar que essas tecnologias potencializem inovação de práticas, pois implicam mudanças na realidade educacional, e não que apenas se transformam com o tempo.

Há a necessidade de superação da postura que ainda se apresenta de o professor atuar como repassador de saberes de "difusão dos conhecimentos". O professor deverá atuar como um animador que incentiva o aluno a aprender a pensar e o conduz a se integrar na inteligência coletiva[139]. A atuação do professor passa por um processo de (re)significação. Cabe a ele atuar como propositor de espaços colaborativos, cooperativos, interativos, promovendo relações de afeto e compaixão[140]. O professor atuará na perspectiva de que os alunos ultrapassem a condição de depósitos de conhecimento, buscando integrá-los na dimensão do pensamento crítico. Para isso, valoriza, necessariamente, o trabalho coletivo a partir de processos interativos que privilegiam relações afetivas em que os participantes se coloquem na condição do outro. Dessa forma, o foco de atuação do professor muda de ângulo, o que, necessariamente, não diminui sua importância no processo educativo.

---

[138] Esse paradigma pode ser dividido em tradicional, escolanovista e tecnicista (BEHRENS, 2005).
[139] LÉVY, 1999.
[140] OLIVEIRA, 2003.

O professor é definido como o responsável pela mediação pedagógica[141]. Em Silva[142] e Ramal[143], "interlocutor" é a palavra-chave que define o papel do professor no ciberespaço. Cabe ao professor mediar os processos de aprendizagem, em constante interação com os estudantes, pois o papel do mediador a tem como prerrogativa. Ele deve realizar o acompanhamento efetivo da aprendizagem do aluno a partir de atividades que promovam a reflexão, além de traçar caminhos para que o aluno construa o conhecimento. Maggio[144] aponta que, nas práticas pedagógicas contemporâneas, é papel do docente ser um guia que orienta e apoia o aluno, elaborando propostas de exercícios reflexivos e amparando a sua realização, apresentando outras fontes de informação e explicações.

No contexto da sociedade digital, pensar no papel do professor é "[...] identificar uma multiplicidade de ações diferentes para a mesma função"[145]. É certo que seus papéis se transformam, pois devem ser considerados diferentes aspectos. Kenski elenca algumas dimensões para a atuação do professor. Interessa, para esse momento, a dimensão que chama para a importância de o professor atuar como estimulador e participante de processos interativos intensivos, com os diferentes alunos no desenvolvimento de ações que vislumbram a promoção de valores, estabelecendo:

> [...] formas de convivência entre todos e a formação de um ambiente social e amigável, um clima de confiança e amizade em que haja respeito às diferenças individuais e o estímulo à existência de um espírito interno do grupo; que propicie a construção não apenas do conhecimento, mas de uma rede de

---

[141] MAGGIO, Mariana. O tutor na educação à distância. *In*: LITWIN, Edith (org.). **Educação a distância**: temas para o debate de uma nova agenda educativa. Porto Alegre: Artmed, 2001. p. 93-110.

[142] SILVA, 2003.

[143] RAMAL, Andréa Cecília. Educação com tecnologias digitais: uma revolução epistemológica em mãos do desenho instrucional. *In*: SILVA, Marco (org.). **Educação online**. São Paulo: Loyola, 2003. p. 183-198.

[144] MAGGIO, 2001.

[145] KENSKI, 2006a, p. 96.

valores éticos e morais, voltados para a cooperação e a colaboração entre todos[146].

Tais aspectos são fundamentais para que os participantes do processo educativo desenvolvam o sentimento de pertencimento ao grupo, possibilitando o engajamento natural nos diferentes processos interativos, mediados pela tecnologia e pautados pela proximidade em detrimento da distância. É essencial que o professor faça uso das possibilidades de interação um-um, um-todos e todos-todos apresentadas pelas TDICs.

Existem quatro dimensões para a atuação do professor nos espaços on-line[147]:

- **Pedagógica**: relaciona-se com o professor lançar mão de sondagens e provocações, vislumbrando o engajamento dos alunos em discussões que promovam a criticidade e a aprendizagem;
- **Social**: refere-se à atuação do professor em prol da promoção de grupos coesos, trabalhando em conjunto, configurando-se por meio de relações humanas amistosas;
- **Gerencial**: diz respeito ao professor fazer o planejamento, a definição da programação e a promoção do estímulo para discussões;
- **Técnico**: trata-se da competência do professor no uso das tecnologias, pois tem o papel fundamental de assegurar a inserção do aluno no AVA.

Essas quatro dimensões são necessárias para a atuação do professor na EOL. Atuando de forma segura nesses quatro pontos, ele contribuirá positivamente para o desenvolvimento do curso. Nas questões pertinentes às dificuldades que o aluno apresenta na

---

[146] KENSKI, 2006a, p. 102.
[147] COLLINS, Mauri; BERGE, Zani L. **Faciliating interaction in computer mediated on-line courses**. Artigo da apresentação na FSU/AECT Distance Education Conference, em Tallahasee, FL, jun. 1996. Disponível em: http://penta2.ufrgs.br/edu/teleduc/wbi/flcc.htm. Acesso em: 3 jun. 2023.

usabilidade do ambiente, é o professor que poderá ajudá-lo. Mas há questões de ordem de instalação do *software* e manutenção do servidor e problemas técnicos na usabilidade do AVA que fogem à competência do professor.

É necessário ao professor atuar como coordenador durante todo o tempo "[...] para manter o curso vivo e animado"[148]. Ele deverá compreender o AVA como "[...] uma obra aberta, no qual a imersão, navegação, exploração e a conversação possam fluir na lógica da colaboração"[149] e atentar-se para o fato de que seu trabalho não será substituído pelas tecnologias. Nesse contexto, conforme indicam Amaral e Costa[150] não se pode deixar de lado os "aspectos pedagógicos da ação educacional" e atribuir às tecnologias papéis que elas não têm.

Podemos verificar que os aspectos apresentados pelos autores a respeito do papel do professor na sociedade digital necessariamente se opõem à tendência que se apresenta na EaD, em que os papéis do professor, na medida em que se multiplicam, também se fragmentam. Apresentam-se novos papéis para professor e para aluno. Ou seja, não é mais aceitável transpor para os ambientes virtuais a prática cotidiana da nossa sala de aula. Nota-se que o professor terá o seu trabalho ampliado e novos compromissos. Nesse contexto, tanto o professor quanto o aluno devem estar preparados para interações.

---

[148] KENSKI, Vani Moreira. **Tecnologias e ensino presencial e a distância**. 5. ed. Campinas: Papirus, 2006. 157 p. (Prática pedagógica). p. 148.

[149] SILVA; CLARO, 2007, p. 88.

[150] AMARAL, Mara Márcia R. Ávila; COSTA, José Wilson. A inserção das novas tecnologias como aparato auxiliar em projetos de ensino semi-presencial na educação tecnológica: o caso FATEC Comércio de Belo Horizonte. **Educação e Tecnologia**, Belo Horizonte, v. 11, n. 1, p. 22-27, jan./jun. 2006. Disponível em: https://periodicos.cefetmg.br/index.php/revista-et/article/view/83. Acesso em: 6 maio 2023.

5

O CURSO: CAMINHOS PERCORRIDOS

Para o melhor entendimento do percurso da investigação apresento, primeiramente, o cenário em que ela ocorreu. A pesquisa foi realizada em um curso de especialização com tema na área da saúde, em uma instituição[151] que há mais de cinquenta anos se dedica à formação de profissionais nessa área.

5.1 A estrutura do curso

O curso de especialização foi realizado ao longo de cinquenta e quatro semanas em uma expectativa de sete horas de estudos semanais. A carga horária total foi de quatrocentos e trinta e oito horas. Desse total, trezentos e setenta e três horas estavam previstas para atividades no AVA; o restante foi distribuído em três encontros presenciais e atividades complementares. A estrutura curricular contemplou cinco disciplinas, que identificamos pelas vogais (A, E, I, O, U) no Quadro 2:

---

[151] O nome da instituição é mantido em sigilo.

Quadro 2 – Cronograma do curso

	Disciplinas	Professor	Tutor	Carga horária	Duração em semana	Período
Disciplina	A	P	T1	70 h/a	10	De 03/08/07 a 12/10/07
Disciplina	E	P1	T2	84 h/a	12	De 12/10/07 a 18/01/08
Disciplina	I	P2	T3	70 h/a	10	De 01/02/08 a 18/04/08
Disciplina	O	P1	T2	84 h/a	12	De 16/05/08 a 08/08/08
Disciplina	U	P	T4	70 h/a	10	De 18/01/08 a 01/02/08 De 18/04/08 a 16/05/08 De 08/08/08 a 05/09/08
Atividades complementares	Visita técnica			05 h/a	-	19/04/2008
Encontros presenciais	I Encontro presencial			20 h/a	-	03, 04 e 05/08/07
	II Encontro presencial			20 h/a	-	18, 19 e 20/04/08
	III Encontro presencial Apresentação da monografia			15 h/a	-	26, 27 e 28/09/08
	Total da carga horária prevista			438 h/a	-	-

Fonte: a autora

A proposta pedagógica (PP), elaborada pela coordenação de curso, teve como referência um curso que a instituição oferecia, na modalidade presencial, desde 2000. Para a adaptação às necessidades da EOL, o curso passou por mudanças de ordem cronológica, de tempo e forma de se trabalharem os conteúdos.

O curso foi oferecido para atender à crescente demanda de formação continuada, na área do tema do curso. Foram oferecidas quarenta vagas. Matricularam-se trinta e dois alunos residentes nas cinco regiões do país.

Eram objetivos do curso, dentre outros, capacitar profissionais[152] das áreas da saúde, social e humanas. Para o alcance dos seus objetivos, eram previstas no PP do curso diferentes ações[153]:

- atividades semanais para os alunos depositarem no AVA;
- em algumas disciplinas, os professores poderiam solicitar trabalhos em grupo;
- trabalho de conclusão de curso, caracterizado por um relatório final de uma pesquisa, o qual seria defendido no terceiro e último encontro presencial.

Interfaces que seriam utilizadas

- *Chat*: as discussões por meio da interface *chat* seriam conduzidas pelo professor.
- **Fórum**: para a participação do aluno no fórum, seriam repassados para o aluno artigos para leitura. A partir da leitura, eles deveriam construir um texto, respondendo às questões solicitadas. Feito isso, cada aluno teria a tarefa de ler e comentar os textos produzidos por pelo menos cinco colegas.
- **Cibercafé**[154]: seria semelhante a um fórum e privilegiaria maior interação entre professor e aluno sobre assuntos gerais.

---

[152] Eles ingressaram por meio de processo seletivo no qual foram avaliados currículos e memoriais.
[153] Foi realizada aula prática de avaliação multidimensional do idoso com a presença dos alunos, professor e tutor, por se tratar de uma das atividades complementares previstas.
[154] Essa interface passou a ser utilizada após a criação do curso, por isso não havia menção no PP e sim no manual do AVA Moodle, que foi elaborado pela instituição posteriormente.

Avaliação da aprendizagem

- Realização de um mínimo de quatro trabalhos avaliativos em cada disciplina, realizados no AVA ou nos encontros presenciais.
- Provas, visitas técnicas, relatórios individuais, relatório final da pesquisa.

Presença no curso

- O aluno deveria ter 85% de frequência no AVA. Esse percentual seria identificado por meio das atividades que os alunos realizaram no decorrer do curso, sendo que nos fóruns seria observada a sua participação.
- Nos encontros presenciais, a frequência mínima era de 75%.

Uso da biblioteca

- Os alunos poderiam usufruir da biblioteca[155] e sala de computadores que ficam no prédio da instituição.

Aula

- As aulas teóricas seriam ministradas nos encontros presenciais e complementadas pelo AVA. A aula seria definida como o resultado de um conjunto de ações, leituras de textos, atividades e interação com os colegas e tutores no AVA.

---

[155] Em virtude de uma parte significativa de os alunos não residirem na cidade sede do curso, foi solicitada a compra de alguns livros. Na interface biblioteca do AVA, foram disponibilizados artigos e cópias de capítulos de livros.

Papéis dos atores

Pelo planejamento, o papel do professor seria o de elaborar o conteúdo da disciplina, plano de ensino; cronograma; roteiro para elaboração do conteúdo, atividades avaliativas e planejar os fóruns. Além disso, devia realizar o acompanhamento do desenvolvimento da disciplina, acompanhar o curso junto ao tutor, esclarecer as dúvidas do tutor sobre conteúdo e atividades avaliativas e acompanhar o desenvolvimento do tutor.

Ao tutor cabia o retorno de eventuais dúvidas apresentadas pelos alunos e a presença nos encontros presenciais. Na pesquisa exploratória, foi informado que o curso, na sua realização, contava com a presença de monitores, embora essa função não estivesse prevista nos documentos que orientavam o curso. Da mesma forma, não havia, nos documentos analisados, qualquer consideração sobre o papel do aluno.

5.2 Ambientes Virtuais Zipclass e Moodle

Foram utilizados, ao longo do curso, dois ambientes virtuais: Zip Class e Moodle. O primeiro, no período de agosto de 2007 até a metade de janeiro de 2008; o segundo, de janeiro a setembro de 2008.

O Zip Class é um AVA de código-fonte fechado. Assim, mediante a necessidade de realizar alguma mudança deve-se contatar a empresa proprietária e solicitar as modificações.

De acordo com o manual do administrador, o AVA Zipclass foi construído tendo como princípios a andragogia de Knowles, e propicia ao aluno aprender contemplando os pilares de reflexão, criatividade e aplicação. Na sua construção, um dos focos foi possibilitar interações[156] e afetividade entre os diferentes atores, na perspectiva de vencer as barreiras geográficas.

---

[156] A possibilidade de sólida interação entre alunos é considerada no manual do administrador como uma das vantagens do ZipClass.

O Moodle[157] é um AVA de código-fonte aberto[158] e gratuito. Possui interface própria para elaboração de conteúdos educacionais, avaliações, tarefas e gestão de cursos on-line. Os princípios pedagógicos desse ambiente se respaldam no construcionismo social e primam pelo desenvolvimento da aprendizagem de forma colaborativa.

Os dois AVAs disponibilizaram as mesmas interfaces, as quais se descrevem a seguir.

Página de *login* ou acesso: é a porta de entrada do AVA. Exige cadastro prévio e senha.

Home: é a página inicial do AVA. Possibilita acesso às diferentes interfaces interativas, aos conteúdos do curso, às notas, às atividades, à agenda e às notícias.

Meus cursos: trata-se de área de acesso às disciplinas em andamento.

Status: é a visualização dos últimos acessos das pessoas, das tarefas que foram agendadas, das novas mensagens que foram postadas no fórum.

Curso: é a área de acesso a todos os processos do curso.

Editar perfil: possibilita postar foto em formato digital, fazer apresentação e alterar dados.

Disciplina: é a interface em que são disponibilizados os conteúdos do curso. De acordo com o manual do administrador ZipClass, sua organização segue a lógica de capítulos de livro.

Aula: possibilita acesso aos conteúdos de disciplinas específicas.

Tarefa: locam em que se disponibilizam orientações das diferentes atividades de cada disciplina.

Participantes: é a interface em que se encontra a relação dos atores do curso (professores, tutores e alunos) e dados de seus perfis. Possibilita o envio de mensagens privativas para todos os participantes do curso.

---

[157] Site oficial do ambiente: http://moodle.org.
[158] O administrador tem a liberdade de organizá-lo e transformá-lo da forma que desejar. Pode, por exemplo, mudar cores de *layout*, escolher as interfaces de que necessita utilizar dentre as disponíveis e, ainda, criar outras.

Biblioteca: é o local onde foram disponibilizados textos/conteúdos em formato word, excel, ppt, flash e PDF.

Avaliação: é uma interface privativa de acesso às notas.

Fórum: é a interface que possibilita interações assincrônicas.

Fórum de notícias: disponibiliza as últimas informações sobre diferentes questões pertinentes ao curso.

Cibercafé pedagógico: trata-se de interface para interação sobre assuntos gerais.

5.3 Percurso da investigação

O objetivo geral foi identificar em um curso on-line, as interações dos atores, no AVA, com suas possíveis implicações para a aprendizagem.

Os objetivos específicos foram os seguintes:

- identificar espaços ou estratégias para a interação utilizada no AVA;
- identificar as formas de interação praticadas, previstas ou espontâneas;
- registrar o entendimento dos atores sobre as interações e seus efeitos nos processos de aprendizagem.

A investigação se deu em uma abordagem qualitativa que tem o próprio espaço de vivências, uma fonte específica de dados, sendo o investigador sua ferramenta principal[159]. Tratou-se de um estudo de caso[160] que propiciou realizar análise aprofundada e detalhada da realidade. Lançou-se mão, para a coleta de dados, da análise documental, de questionários autoaplicáveis, da observação em AVA e de entrevistas semiestruturadas.

---

[159] LUDKE, Menga; ANDRÉ, Marli E. D. A. **Pesquisa em educação:** abordagens qualitativas. São Paulo: EPU, 1986.

[160] BOGDAN, Robert; BIKLEN, Sari Knopp. **Investigação qualitativa em educação:** uma introdução à teoria e aos métodos. Porto: Porto Editora, 1994.

O levantamento de dados se estendeu de fevereiro a outubro de 2008, mês do encerramento do curso. A primeira ação foi a análise de diferentes documentos: PP, manuais de orientação para o administrador, o professor, o tutor e o aluno do AVA Zipclass[161] e o manual de orientação para o aluno utilizar o AVA Moodle. Esse último foi elaborado pela instituição investigada.

Foram coletados dados das relações dos interagentes nos registros dos fóruns temáticos e cibercafés, por meio da base de dados dos AVAs – ZipClass e Moodle. Os dados, referentes aos processos interativos, que aconteceram no ZipClass, foram coletados da memória do AVA, pois quando do início da pesquisa, esse AVA não era mais utilizado. Assim, não foi realizada a observação do ambiente, e sim a leitura e a análise das interações. Nas mensagens enviadas no Moodle, tanto quanto no Zipclass, apenas em um caso foi registrado o uso de *emoticons* nos diálogos que aconteceram.

No Moodle, foi possível o acompanhamento do curso no AVA. A direção autorizou que o acompanhamento fosse realizado no AVA e comunicou aos alunos sobre a pesquisa. Recebi uma senha de visitante e o único compromisso era o da não intervenção. No momento em que eu estava on-line no ambiente, aparecia do lado direito da página a palavra visitante. Dessa forma, as pessoas que, eventualmente, estivessem utilizando o AVA, naquele momento, estavam cientes que havia outra pessoa presente embora não tivessem condições de identificá-la. Foi assinada, pelos coordenadores, professores, tutores e alunos do curso, a cessão de direitos para uso do conteúdo de suas interações, registradas nos fóruns e cibercafés dos ambientes virtuais Zipclass e Moodle.

A análise das interações nos fóruns e cibercafés foi pautada pela cronologia dos eventos e não por situações isoladas, levando-se em consideração que "[...] as ações, pois, ganham significado dentro de sequências interativas relativamente estruturadas"[162]. Contudo,

---

[161] Havia na instituição dois manuais do AVA Zipclass. Um para orientações aos alunos e outro para orientações ao administrador. Ambos foram organizados pela instituição proprietária do ambiente.
[162] PRIMO, 2007, p. 114.

para melhor compreensão dos tipos de interação acontecidas no fórum e cibercafé, optamos por apresentar no Capítulo 6 as formas de interação a partir do espaço em que foram vivenciadas.

Apesar de ter verificado todas as interações havidas no curso, nas mais diferentes disciplinas, em vários espaços, foi objeto para análise detalhada as interações entre o professor P, responsável pela disciplina U, o respectivo tutor (T4) e cinco alunos (A1, A2, A3, A4, A5).

Foi solicitado aos alunos indicar, em um questionário[163] que foi aplicado, se se disponibilizavam para uma entrevista individualizada. Os alunos a serem entrevistados coincidiriam com aqueles cujas interações seriam analisadas na pesquisa. Quatorze alunos se disponibilizaram para a entrevista. Considerou-se, para a pesquisa, somente as interações, com professor, tutores e alunos, no AVA, mais especificamente no cibercafé e nos fóruns.

Para selecionar os cinco alunos, foi levado em conta os seguintes critérios: região em que residia, área de graduação, titulação máxima. Dos selecionados, três residiam em Minas Gerais (dois deles em Belo Horizonte, um no interior do estado), dois em outra unidade da federação, localizada na região Nordeste. A faixa etária variava entre 25 e 48 anos e eles eram graduados em Letras, Fisioterapia, Medicina, Psicologia e Enfermagem.

A disciplina U foi escolhida por ter acontecido a partir da metade do curso e em três momentos diferentes, sendo a última disciplina a ser realizada. Dessa forma, os atores já teriam ambiência suficiente com o AVA e todos os problemas já estariam resolvidos. Teriam vivenciado o fórum, o contato com o professor, o tutor, os colegas e passado por dois encontros presenciais. Foi considerado que toda a experiência do curso seria favorável para a interação.

A análise dos processos interativos se deu da seguinte forma: A1-A2, A1-A3, A1-A4, A1-A5, A1-P, A1-T4 e, assim, sucessivamente, com os demais alunos.

---

[163] Será detalhado nas próximas páginas.

As categorias de análise desta investigação foram a interação mútua e reativa. Foram levadas em conta, na caracterização da interação reativa, o fluxo previsível, o disparo de informações pré-determinadas e a relação do tipo estímulo-resposta[164]. Para identificarmos a interação mútua, buscou-se observar a existência de cooperação, intercâmbio, discussão, transformação mútua e negociação[165].

Para identificar os tipos de interação, realizada nos fóruns, no AVA Zipclass, imprimiu-se a sequência de eventos interativos registrados nos dezesseis fóruns, realizados nas cinco disciplinas do curso, e de eventos interativos que ocorreram no cibercafé, nos quatorze meses do curso.

Primeiramente, foi realizada a leitura de todos os eventos interativos nos cibercafé e fóruns do curso, para a compreensão das relações dos atores (aluno e aluno, aluno e professor, aluno e tutor). Posteriormente, foi realizada a análise das interações dos atores que foram selecionados para a investigação na disciplina U.

Com a finalidade de caracterizar o grupo a partir de seus aspectos gerais e identificar questões pertinentes às interações e aprendizagem, foi encaminhado questionário para os coordenadores, professores e tutores. Esse instrumento autoaplicado foi encaminhado para os alunos posteriormente à realização de pré-teste com outro grupo. A finalidade do pré-teste foi detectar possíveis problemas de interpretação nas questões elencadas.

Para realizar o pré-teste, os questionários foram encaminhados via e-mail para cinco professores e cinco alunos de um curso *lato sensu* de pós-graduação on-line que se encontrava em andamento na instituição pesquisada. Desse total, retornaram três questionários respondidos, sendo um de aluno e dois de professores. Embora poucos tenham retornado o questionário, foi possível perceber, por meio dessa experiência, que, além das modificações pertinentes à estrutura do questionário, haveria a necessidade de monitoramento

---

[164] PRIMO; TEIXEIRA, 2001.
[165] *Idem.*

sistemático, buscando-se atingir um retorno de número relevante dos questionários.

Para a ciência dos alunos, professores e tutores, a coordenação do curso encaminhou uma mensagem, por meio do AVA, informando a eles a respeito da pesquisa, de seus objetivos, e antecipando que receberiam um questionário. Quando do segundo encontro presencial, apresentei-me para os alunos, fornecendo mais esclarecimentos sobre a pesquisa, seus objetivos e a importância da participação de todos no seu preenchimento. Assumi o compromisso de enviar os questionários por e-mail.

Efetivamente, o envio dos questionários para o grupo investigado, com orientações para seu preenchimento, deu-se por meio de correio eletrônico e por correspondência. O envio do instrumento também por correspondência foi para um professor e para 21 alunos do curso. Tal procedimento foi necessário pois uma semana depois do envio do questionário por e-mail ainda não havia qualquer tipo de retorno por esses alunos, seja confirmando o recebimento do instrumento ou do questionário preenchido.

O questionário foi enviado para 24 alunos, dois gestores, três professores, quatro tutores e dois monitores. Responderam o instrumento: 20 alunos, três tutores, três professores, dois monitores e dois gestores.

Para garantir o retorno dos questionários, devidamente preenchidos, foi realizado monitoramento contínuo (contato com gestores, professores, tutores, monitores e alunos, via telefone e e-mail), alertando para a importância de seu preenchimento, esclarecendo eventuais dúvidas e combinando prazos de retorno. Esse monitoramento sistemático foi realizado no período de 35 dias, entre os meses de julho e agosto de 2008. Foram encontradas diferentes situações em que os participantes tiveram dificuldade no processo de preenchimento e/ou recebimento. Três alunos e um professor declararam dificuldade com o uso das tecnologias, sendo que um desses três alunos informou que não conseguia preencher o questionário pois o computador havia "travado" quatro vezes. Dois alunos e o professor não conseguiram preencher o questionário que se encontrava em arquivo do Excel por não terem facilidade com o uso do computador e com o uso do *software*. Nesses casos, questionários, impressos, foram preenchidos a mão.

Para a entrevista semiestruturada, foi elaborado um roteiro. Seu uso era de fundamental importância, pois havia objetivos a serem alcançados e determinados aspectos deveriam ser contemplados; do contrário, corria-se o risco de se tratar de forma vaga os pontos pertinentes.

Foram entrevistados dois gestores, dois professores, quatro tutores e cinco alunos. A consulta se deu em torno dos seguintes aspectos: Para os gestores: transição do curso presencial para o curso on-line; funções e carga horária do professor e tutor; AVA; interfaces; interação; e avaliação da aprendizagem. Para os professores e tutores: funções e carga horária de trabalho; relação com o aluno e aprendizagem; AVA e interfaces; trabalho em grupo; formas de interação e aprendizagem; e encontro presencial. Para os alunos, com exceção de funções e carga horária de trabalho, foram tratadas as mesmas questões levantadas com professores e tutores.

As informações foram gravadas. No ato da entrevista, o entrevistado foi informado sobre os objetivos da pesquisa, a confidencialidade, a necessidade não só de se gravar a entrevista como também da assinatura da autorização para utilização de seu conteúdo. Alertou-se cada entrevistado para as características da entrevista semiestruturada, sendo a característica principal a liberdade que se teria para tratar de questões outras sobre o assunto que se julgasse pertinente.

As entrevistas foram realizadas, face a face, em diferentes locais e, também, por telefone. Em sala reservada da instituição, foram entrevistados dois gestores, dois professores e um tutor. Nas suas residências, um tutor e dois alunos. Na residência da pesquisadora, um tutor. Outro tutor foi entrevistado, em uma sala privativa, em local onde exerce atividade profissional diferente da função no curso. Um dos alunos foi entrevistado em um hotel, quando participava do último encontro presencial, um aluno em casa de amigos e, por telefone, um aluno de outro estado que não compareceu ao último encontro presencial. Tal procedimento tornou-se imprescindível, devido a alguns comportamentos peculiares apresentados por esse aluno durante o curso e por ser, claramente, pessoa com pouca intimidade com as tecnologias. Ainda que a entrevista se desse por telefone, cercamo-nos de todos os cuidados para assegurar que não houvesse maiores discrepâncias com relação aos outros entrevistados. Assim, foram oferecidas as mesmas informações e os mesmos esclarecimentos e foi possibilitada inteira liberdade para que o aluno gastasse o tempo necessário para articular suas respostas e demais possibilidades da entrevista semiestruturada, sendo-lhe antecipado que não se deveria se preocupar com o tempo, ainda que a pesquisadora estivesse responsável pelo pagamento da despesa com a ligação telefônica de longa distância.

6

INTERAÇÃO: PRÁTICAS E RESULTADOS ALCANÇADOS

6.1 O cibercafé como espaço para interações

O cibercafé foi criado alguns dias depois do curso já ter se iniciado. Ele foi mantido ao longo de todo o curso, não estando o seu uso restrito a qualquer uma das disciplinas. Tratava-se de uma interface para encontros assincrônicos.

O cibercafé (Figura 1) era anunciado como espaço de interação de alunos com professores. Contudo, as razões e formas para essa interação não foram explicitadas nos documentos do curso. Para os alunos, os objetivos do cibercafé não estavam claros. Um dos gestores informou que optaram por criá-lo como espaço de interação, em uma analogia ao momento do intervalo na educação presencial. Segundo ele, os alunos tinham receio de manifestar-se nos outros espaços do AVA. Assim, criou-se um espaço para a conversa mais livre, solta, entre alunos. Entretanto, nesse mesmo espaço, podiam estar, coordenador, professores, tutores e monitores. Portanto, se a dificuldade de interação dos alunos estava na inibição pelo fato de compartilharem os mesmos espaços de comunicação com professores e tutores, o cibercafé certamente não mudou isso.

Figura 1 – Definição da finalidade do cibercafé

Moodle	SI - Turma 1	Fóruns	Cybercafé Pedagógico

Aqui alunos e professores interagem

Fonte: AVA Moodle

O cibercafé seria espaço para a troca de informações das mais diferentes ordens, não só as afetas ao curso e aos seus conteúdos. No entendimento de P, a analogia do cibercafé com a conversa no intervalo das aulas da educação presencial é adequada. Contudo, para ele, o cibercafé serviria apenas para a confraternização e estreitamento das relações entre atores do curso, o que foi reconhecido por A3.

Segundo A5, à medida que se tornava espaço para tudo – manifestações das mais diversas ordens, colocações de dúvidas, reclamações sobre professor, indagações sobre várias questões, como o pagamento de mensalidades –, o cibercafé foi perda de tempo, já que muito do que ali era dito era desnecessário. Era como um quadro, em um corredor de escola, onde professor, coordenadores e alunos podiam apor seus recados e observações, em uma estrutura que se revelou desorganizada. Praticamente, não houve interação dos alunos e, segundo A4, o cibercafé acabou efetivamente sendo mal utilizado.

P não identificou o cibercafé como espaço para a discussão de conteúdos curriculares, ou seja, como uma estratégia para a aprendizagem, ainda que essa função tenha sido, segundo ele, prevista por um dos gestores do curso. Contudo, no manual de orientações para uso do Moodle, os alunos eram informados de que o cibercafé seria uma espécie de fórum, em que professor e alunos teriam maior interação, tratando de assuntos gerais.

A1 chegou a encaminhar algumas questões, pelo cibercafé, para professor e alguns tutores. Mas afirmou que nem sempre havia retorno. Segundo T4, como todas as mensagens postadas no cibercafé eram automaticamente encaminhadas para o seu e-mail, criou-se uma dificuldade no atendimento aos alunos.

A ausência do efetivo acompanhamento e do retorno por parte dos professores e tutores das questões apresentadas pelos alunos foi um dos problemas do cibercafé por eles apontado. Uma das expectativas, apresentadas pelos alunos, ao utilizar o espaço do "café", era ter o retorno para as suas questões[166]. Entretanto, o cibercafé, acabou por ser a válvula de escape dos alunos, o muro das lamentações, o retrato de suas insatisfações. Assim, o prazer, aspecto central para a interação cooperativa e frequente[167], não esteve efetivamente presente nesse espaço.

O cibercafé possibilitou a postagem de anexos em mensagens e acabou se transformando em local para depósito de atividades dos alunos. Por exemplo, alguns ali postaram o seu TCC. Para A1, o fato de os alunos depositarem no cibercafé suas atividades era a representação de que os outros espaços do ambiente do curso não funcionavam.

6.1.1 Interações no cibercafé

Pelos registros no AVA, foi possível identificar, no cibercafé, interações de P com A1, A2 e A4, todas reativas. De forma similar, foram as interações de T4 com A1 e A3. As interações, nesses casos, resumiram-se a uma pergunta de cada um desses alunos e uma resposta apresentada pelo professor ou pelo tutor ainda que as atividades relacionadas à disciplina tenham se estendido por um prazo de quase oito meses.

No caso das interações de P com os alunos, o que se registrou no AVA foi, de um lado, pedido de esclarecimentos dos alunos sob a tarefa inerente à disciplina e, de outro, a resposta do professor a eles. A interação de T4-A3 se resumiu a um pedido do aluno para

---

[166] MORAES, 2008.
[167] *Idem.*

que lhe fosse encaminhado um trabalho de outro aluno, ao qual P havia se referido. Em resposta, T4 se comprometeu a fazer o encaminhamento conforme solicitado.

Há de se registrar, contudo, que, nos registros subsequentes, até o final do curso, não foi possível constatar se o encaminhamento foi feito. Ainda que T4 tenha respondido, A3 não procurou mais por ele. A3 afirmou, em entrevista, não se sentir à vontade para tratar com o tutor de questões específicas da disciplina. Na verdade, o que transparece é que A3 não reconhecia T4 como uma autoridade na disciplina. Sobre sua relação com P, A3 comentou que, quando cursava outra disciplina, que também estava sob a responsabilidade de P, por duas vezes enviou-lhe mensagens sem que houvesse recebido qualquer resposta. Por conta desse fato, A3[168] decidiu não mais dirigir-se à P mesmo quando a relação entre eles ocorreu, de novo, na disciplina U. Na impossibilidade de comunicação com P, por conta da dificuldade de retorno, A3 acabou buscando, em sua cidade, profissionais da área a quem recorria no caso de suas dificuldades no desenvolvimento do TCC.

Quanto à interação T4-A1, há no registro apenas um retorno de duas mensagens do aluno, com o mesmo teor. Na mensagem o aluno solicitava a confirmação do recebimento do trabalho da disciplina, encaminhado por meio do ambiente privativo[169], e reclamava da demora nesse retorno. Ainda que um dos assuntos de ambas as mensagens fosse a demora das respostas, o retorno de T4 se deu somente quase setenta e duas horas depois da última interpelação de A1. Pelos registros aos quais tivemos acesso, não foi possível constatar se o aluno foi atendido na sua solicitação.

Havia no cibercafé interações reativas de T4-A2 e T4-A4. As interações T4-A2 aconteceram por um período de quatro meses e três dias em uma situação de orientação do TCC. O tempo de retorno de T4 para A2 foi, de modo geral, demorado, chegando a

---

[168] Há de se registrar que a dificuldade com o uso da tecnologia foi, também, um aspecto para que A3 se sentisse desestimulado com o curso.
[169] Não tivemos acesso à área privativa para confirmarmos o envio do trabalho.

acontecer em um tempo de 13 dias (trezentos e dezesseis horas). As interações foram um seguimento de perguntas de A2 e respostas de T4 até se dissiparem. As interações de T4-A4 aconteceram em três dias consecutivos. Elas giraram em torno da ausência de nota e de considerações de P ou T4 em uma das atividades feitas por A4 e sobre uma possível orientação de TCC. Posteriormente, ocorreu um lapso de tempo de 22 dias sem qualquer interação. Passado esse tempo, A4 encaminhou uma mensagem para T4 informando que havia enviado seu projeto de pesquisa para P. T4 retornou comunicando que P, faria a leitura do projeto e retornaria quando possível. Depois desse evento interativo, não mais se evidenciou, no cibercafé, qualquer interação de T4-A2.

As interações apresentaram uma relação fechada no estímulo--resposta e pautada pela linearidade resultante de eventos isolados. T4 respondia para A2 e para A4, cumprindo seu papel de retornar ao aluno soluções para as dúvidas que ele lhe encaminhava. Contudo, em ambas as relações, os retornos de T4 para A2 e A4 não foram necessariamente mecânicos e automáticos, não eram apenas um conjunto de informações pré-determinadas. De modo geral, eles foram retornos personalizados, focados nas diferentes questões que o aluno apresentava. T4 normalmente respondia ao conjunto de indagações que A2 e A4 encaminharam e abria espaço para novas interações a partir de indagações, ou seja, atuando na perspectiva de um avanço para as interações mútuas. Entretanto, as interações não evoluíram para a interação mútua, pois não houve uma abertura ou recepção[170] por parte do aluno, não gerando, dessa forma, uma nova interação. O diálogo só é possível "com", não é "para"[171], exigindo a abertura de ambos os sujeitos que se comunicam.

Na relação de T4 com A2 e A4 foi possível identificar algumas das características qualitativas da interação: reciprocidade, recorrência e descontinuidade[172]. Nos retornos de P e T4 havia registros

---

[170] PRIMO; TEIXEIRA, 2001.
[171] FREIRE, Paulo. **Pedagogia do oprimido**. Rio de Janeiro: Paz e Terra, 1987.
[172] FISHER; ADAMS, 1994.

de afetividade[173], aspecto sem dúvida importante para o desenvolvimento das relações e, também, para a aprendizagem[174]. Tanto P quanto T4 normalmente enviavam abraços e beijos quando respondiam aos alunos. Apenas A2 retribuía com esses sinais de afetividade. Contudo, ainda que existindo um clima de afetividade, ele não foi suficiente para garantir a interação mútua, para que se avançasse do plano das interações reativas, burocráticas, podemos dizer.

De maneira geral, o tempo de retorno para as mensagens postadas para os alunos foi superior a 24 horas de forma recorrente. Esse quadro caminha em sentido contrário à recomendação sobre tempo de retorno, indicado por Kenski[175], que deverá ser de, no máximo, vinte e quatro horas. Por sua vez, Palloff e Pratt[176] consideram que uma boa ação pedagógica privilegia retornos imediatos. A não regularidade dos retornos, associada à demora, foi um fator que desestimulou alguns alunos a buscarem a interação com P e T4. A1 assumiu, em entrevista, que não gostava de procurar pelos tutores em virtude da demora dos seus retornos. A4 reconhece P, de maneira geral, como um ausente no AVA. "De vez em quando ele sumia", comentou. A frequência de retornos, aos alunos, pelo professor deve ser equilibrada, exatamente para que os alunos sintam sua presença e atenção[177].

Para A1, ainda que houvesse retorno, as respostas de P não atendiam às suas efetivas necessidades. Eram breves e, normalmente, não abarcavam o conjunto de indagações que apresentava ao professor.

> Eu procurava detalhar, explicar bem direitinho [nas perguntas]. Mas as respostas eram muito diretas.

---

[173] SERRA, Daniela Tereza Santos. **Afetividade, aprendizagem e educação online**. 2005. 124 f. Dissertação (Mestrado em Educação) – Programa de Pós-Graduação em Educação, Pontifícia Universidade Católica de Minas Gerais, Belo Horizonte, 2005. Disponível em: http://www.biblioteca.pucminas.br/teses/Educacao_SerraDT_1.pdf. Acesso em: 22 jun. 2023.

[174] MORAES, 2003.

[175] KENSKI, 2007a.

[176] PALLOFF; PRATT, 2004.

[177] Idem.

Sabe? Muito. Numa frase só, P respondia um monte de indagações [...]. Mas o resto que eu perguntei ela tentava responder numa frase só, uma coisa assim [...] muito rápida. Certo? [P] não se envolvia, não tentava se envolver, não tentava explicar o que realmente a gente estava querendo. [...] O que a gente observava é que [P] estava muito atarefada, com pouco tempo. Certo? Então era assim uma coisa assim bem rápida. (A1).

Pelo que informa A1, P necessariamente não privilegiava, nos retornos, a informação de uma forma que o aluno viesse a compreender e a aprender. A forma reativa que P utilizou para interagir com alunos no curso certamente não contribuiu efetivamente para a aprendizagem.

No seu relato, A1 deixou claro que sentiu necessidade de interagir com um professor ou um tutor. Entretanto, sentiu-se desestimulado para procurar a interação por conta da pouca ou nenhuma atenção que lhe era dispensada, da baixa qualidade das respostas e de sua demora. Por isso, fez a opção de realizar o curso pensando na aprendizagem sem interação com outros atores. Sua estratégia de informação passou a ser a leitura de textos. Certamente, isso pode ter contribuído para A1 ter assumido que, ao final do curso, eram muitas as suas dúvidas sobre o conteúdo estudado. O afastamento de A1 do AVA, a não ser para depositar tarefas, não provocou reação de P. O silêncio virtual daquele aluno, segundo os registros aos quais tivemos acesso, se percebido por P, não foi motivo para que o professor o procurasse, indagando sobre dificuldades ou sobre as razões que provocaram o afastamento. Há de se destacar que, em entrevista, P relatou que frequentemente acessava o AVA e, ao perceber que o aluno não estava participando, remetia-lhes mensagens perguntando o que ocorrera e chamando-o para o AVA.

Quanto ao tempo de retorno, P informou que diariamente acessava o AVA para responder às questões dos alunos, já que o prazo máximo, definido pela instituição para retorno aos alunos, era de 24 horas. P informou que evitava atingir esse tempo máximo, buscando responder-lhes imediatamente. Entretanto, os registros no AVA e as próprias informações dos alunos revelam que o retorno aos alunos não acontecia dessa forma e que, efetivamente, os prazos para respostas eram de maneira geral superiores a 48 horas.

Esse prazo de 24 horas para retorno aos alunos foi objeto de divergências entre os próprios gestores do curso. Um deles relatou que o prazo máximo seria de 12 horas; de acordo com outro, seria de 24 horas. Dessa forma, não nos ficou claro se realmente houve uma recomendação da instituição a respeito do tempo máximo para retorno das mensagens dos alunos. Não há nos documentos analisados qualquer orientação a esse respeito.

T4 destacou que só se inteirou que havia um tempo máximo de 24 horas para retorno aos alunos quando deixou atividades se acumularem e foi indagado, pelos alunos, por que não as estava corrigindo no prazo definido pela instituição. Em entrevista, T4 disse que acessava o AVA do curso uma única vez na semana. Normalmente, respondia aos alunos nos finais de semana. Tal fato certamente se deu pelo fato de T4 não ter feito qualquer curso para atuar em EOL. Embora ele tenha experiência profissional anterior em cursos a distância, incluindo EOL, isso não foi determinante para que fizesse a diferença. A impressão que resta é de que o T4 se comportava na lógica da educação presencial, em que as aulas têm dias e horários predeterminados. O contrato de trabalho celebrado entre T4 e a instituição previa quatro horas semanais de atividade.

Segundo T4, quatro horas semanais eram insuficientes para que suas interações com os alunos ocorressem de forma a atendê-los em suas necessidades. Cabia a ele, como tutor, corrigir tarefas, dar o retorno de dúvidas que os alunos apresentavam e fazer o acompanhamento e a orientação do TCC dos alunos. Para T4 seriam necessárias pelo menos oito horas semanais. Também destacou que, para o trabalho de orientação na elaboração do TCC, alguém deveria ser contratado pelo período integral da disciplina. Seu contrato de trabalho, que previa essa tarefa de orientação na disciplina U, foi por períodos de dois meses (maio e junho e, depois, agosto e setembro).

Comentou ainda que, pelo fato de a entrega das atividades na disciplina U ter sido prorrogada, em virtude de a maioria dos alunos não haver cumprido o prazo inicial, teve que atuar como tutor também no mês de julho não tendo sido remunerado por esse trabalho, em uma flagrante infração da legislação trabalhista.

Nos documentos que norteiam o curso, não se especificava a frequência e duração dos acessos do tutor ao AVA. Pelo visto, ele cumpria o tempo contratado em apenas um dia da semana, o sábado, possivelmente o dia que lhe parecia mais conveniente. Isso, evidentemente, implicou a baixa qualidade das interações. Se acontecesse de um aluno enviar-lhe uma mensagem na sexta-feira, a possibilidade do retorno imediato era grande. Contudo, se a mensagem fosse postada no domingo, apenas no sábado imediatamente seguinte o aluno teria retorno.

T4 deixou claro que sua atuação como tutor no curso não era a sua atividade profissional principal, em virtude da baixa remuneração recebida. Assim, acessava o AVA nas suas horas vagas, não demonstrando um compromisso diário com o curso. Isso pode gerar, tanto no aluno quanto no tutor, a angústia, a insatisfação, o que coloca em risco a efetiva aprendizagem por parte do aluno. Corrêa[178] posiciona-se claramente contra a situação do trabalho do tutor se constituindo em um "bico".

Tem sido prática recorrente a utilização de tutores como estratégia de redução de custo. Na medida em que os professores geralmente estão submetidos a convenções coletivas de trabalho, em que se estabelecem pisos salariais, instituições contratam tutores, para os quais têm liberdade de fixar salários, e esses acabam sendo solicitados a fazer papel do próprio professor. Na instituição pesquisada, isso ficou claro quando T4 teve que compartilhar com P a orientação dos alunos na disciplina U.

Contudo, como salientou em entrevista, T4 não pôde ter seu nome citado no TCC dos alunos que orientou. P, ainda que não tivesse orientado todos os alunos, fez constar, nos TCCs, seu nome

---

[178] CORRÊA, 2002.

como quem exerceu tal função. Também por conta disso, T4 reconheceu uma necessidade de melhor definição das responsabilidades do tutor no curso, principalmente deixando claro em que momento seu papel se separava daquele do professor.

P, que acumulava a função de gestor do curso, informou ter experiência prévia como professor em EOL, ainda que não tivesse qualquer formação específica para isso. Sua atuação no AVA evidenciou, praticamente, a reprodução do modelo presencial, com aulas expositivas em conteúdo escrito por ele. Silva[179] destaca que em EOL há um diferencial: ela não pode se organizar com base na transferência, para o espaço virtual, dos modelos presenciais de educação, nem dos modelos de EaD tradicionais. Por isso, a EOL demanda do professor uma formação prévia, no espaço e tempo, para que possa atuar como problematizador, provocador de situações e não como um mero dono do saber, que transmite esse saber para alunos, apenas receptivos, transpondo para a EOL uma abordagem conservadora de educação, baseada na transmissão[180]. Seria necessário, também, romper com conceitos antecipados sobre EaD e pensar na possibilidade de realizar uma educação de qualidade e não endossar uma concepção mecânica de educação quando sugere que conteúdos transmitidos serão automaticamente conteúdos aprendidos.

P foi um misto de professor e professor-autor. Sua presença efetiva no AVA, na disciplina U, se deu devido ao fato do conteúdo ter sido por ele elaborado. Esse aspecto mostra que a ênfase do curso foi na distribuição de materiais prescritos pelo professor, prática refutada por Santos[181], que preza um currículo que privilegie a interação dos atores.

Uma imagem de P, colocada ao lado dos textos que elaborou, seria uma forma de simular sua presença física. Essa figura agitava os braços, os pés e a boca, como se estivesse se comunicando com o aluno, ainda que não houvesse o som da sua fala. Efetivamente, P

---

[179] SILVA, 2003.
[180] MIZUKAMI, 1986.
[181] SANTOS, 2003.

não se dirigia ao aluno, sua presença estava no conteúdo que seria lido. O aluno o "ouvia" lendo seu texto, enquanto via sua imagem. Era a tentativa, até infantil, de um simulacro, no AVA, da sala de aula tradicional. Essa imagem em movimento, estratégia que evocava a presença do professor no curso, lembrando ao aluno que atrás daquele texto estava o seu professor, potencializava o risco de chamar a atenção do aluno para os gestos da animação, e não necessariamente para o conteúdo, podendo dificultar a concentração no próprio texto, objeto da aprendizagem. Essa estratégia de simular a presença do professor no curso, de alguma forma, lembra o modelo professoral em que se evidencia a representação do professor no texto, exercendo o texto, assim, a sua função[182].

Na proposta do curso, conforme documentos aos quais tive acesso, efetivamente não se previa a interação dos professores das diferentes disciplinas com os alunos; explicitamente, isso era tarefa dos tutores. Contudo, pela natureza da disciplina U, P compartilhou com o T4 a tarefa de orientação dos alunos para elaboração do TCC. Para todos os alunos, P era responsável pela disciplina em questão; para alguns poucos, ele era o orientador do TCC. Por conta disso, ainda que de forma bastante reduzida, P interagiu com os alunos no AVA. Esse papel subsidiário de P, ainda que com poucos alunos, se associava à sua atribuição de gestor do curso.

No tocante à disciplina U em si, esses novos papéis eram secundários. No caso de papéis secundários, registra-se[183], de maneira geral, um percentual ínfimo ou até nenhuma interação com os alunos no AVA. P, de fato, apresentou pouco ou nenhum envolvimento com os alunos no AVA. A busca de interação partiu dos alunos sem que se tivesse registrado o efetivo acompanhamento do seu processo de aprendizagem por parte de P. Havia demora nos retornos para as mensagens dos alunos – quando aconteciam –, o que certamente pode influenciar, de forma negativa, os ritmos de aprendizagem. Além disso, os retornos, quando aconteciam, eram concisos e insufi-

---

[182] PETERS, 2001.
[183] BORBA; MALHEIROS; ZULATTO, 2007.

cientes para esclarecer as dúvidas dos alunos, conforme eles mesmos reconheceram em entrevistas. De todos os retornos aos alunos que registramos no AVA, em apenas um, para A2, P respondeu todas as questões levantadas e de forma suficiente.

Não havia, nos registros do cibercafé, qualquer interação P-A5 e T4-A5. Em entrevista, A5 salientou que gostava de estudar sozinho. A ausência de interação desses atores é o reflexo de que A5 não procurou por interação e também não foi procurado.

6.2 Interações no fórum

Na disciplina U foram realizados três fóruns. Dois deles (Quadros 3 e 4) serviram apenas para que os alunos depositassem artigos de autores diversos. Eles não foram sequer um arremedo de *portfólio*, que propiciaria a visibilidade das produções dos alunos, não em sua totalidade, mas na seleção e apresentação dos melhores produtos[184]. Afinal, os artigos ali depositados eram produções de terceiros. Os alunos apenas fizeram buscas e selecionaram os artigos a serem enviados ao professor, sem que lhes fosse exigida sequer uma justificativa para as escolhas feitas. Não se demandou aos alunos quaisquer comentários sobre os textos apresentados, por si ou pelos colegas. A tarefa se resumiu a encaminhar textos ao professor da disciplina.

Quadro 3 – Orientação de atividade no fórum da disciplina U

1. Registrar e publicar no fórum, entre os artigos científicos da disciplina U, um artigo que apresente um problema de pesquisa básico e outro de pesquisa aplicada. (Caso você prefira, você pode usar qualquer outro artigo, mas terá que enviar-nos uma cópia para procedermos com a correção). Prazo: 25/01/08 a 30/03/08

Fonte: a autora com base nas informações coletadas no AVA Moodle

Identificou-se, no fórum (Quadro 3), apenas uma interação reativa de P com A1 e A4, dois meses após A1 ter postado a ativi-

---
[184] VILLAS BOAS, 2007.

dade no fórum. P, dirigindo-se a A1, apenas comentou que "os dois artigos não são de pesquisa aplicada". Contudo, P não justificou a sua afirmação com relação ao equívoco do aluno e nem o estimulou para uma reflexão na perspectiva de ter a compreensão correta. Ou seja, não provocou um diálogo na perspectiva de A1 construir conhecimento. O retorno de P para A4 aconteceu em um tempo de dois meses e dois dias depois que A4 depositou a tarefa no fórum. Seguindo seu padrão de retornos breves, P novamente apenas comunicou que "o terceiro artigo, citado na sua seleção de Pesquisa básica, é de pesquisa aplicada". Em ambos os casos, a interação foi reativa, em uma situação que era propícia à interação mútua.

P chegou a demorar dois meses para dar um retorno de forma breve sobre a atividade do aluno. Certamente, essa forma de atuação de P não promove a aprendizagem e o aluno continua com dúvidas. Gervai[185] considera que uma boa forma de instigar o aluno a refletir sobre a atividade realizada são perguntas orientadoras.

A atividade do fórum (Quadro 4) foi depositada por A3 no cibercafé e não teve qualquer retorno de P ou T4. A3, necessariamente, precisava de orientações sobre o desenvolvimento da atividade, pois não fez o que foi solicitado. Ele desenvolveu a atividade definindo o que seria pesquisa aplicada e básica.

Não há, nos registros do AVA, qualquer interação dos atores no fórum (Quadro 4).

Quadro 4 – Orientação de atividade no fórum da disciplina U

2. Pense em um problema de pesquisa de seu interesse, escreva o problema; encontre 3 artigos em PDF e envie os artigos para o professor (indicando qual é o problema de pesquisa que você idealizou).
Esse fórum será para que possam anexar os artigos referentes à atividade solicitada acima. 09/04/08 a 01/08/08.

Fonte: a autora com base nas informações coletadas no AVA Moodle

---

[185] GERVAI, 2007.

Essa forma de utilização dos fóruns (Quadro 3 e 4) foi inédita para nós. Na minha própria prática como aluna e tutora, jamais evidenciamos tal forma de uso. Também não foi encontrado, na bibliografia consultada, qualquer menção a um fórum com essas características.

A orientação para a atividade não deixou clara a finalidade do depósito de artigos de terceiros. Como não houve, por parte de P ou T4, qualquer comentário ou observação em resposta às atividades cumpridas, certamente tornou-se impossível aos alunos anteciparem as implicações da tarefa para a sua aprendizagem.

Em entrevista, P comentou que sua expectativa era de que os fóruns se constituíssem em espaço nos quais os atores do curso se pronunciassem. Pronunciar é o ato de "[...] manifestar o que pensa ou sente; emitir sua opinião"[186]. Contudo, nenhum aluno se manifestou espontaneamente sobre os artigos indicados pelos colegas e enviados ao professor ou sequer justificou a própria escolha dos que selecionou. Afinal, essa expectativa não estava clara, não havia sido mencionada quando a tarefa do fórum foi apresentada. O próprio professor não se manifestou, sequer confirmou aos alunos o recebimento dos arquivos dos textos.

Seria razoável imaginar que os alunos pudessem buscar a interação, por exemplo, apresentando justificativas sobre os textos depositados ou indagando os colegas sobre os textos por eles carregados no AVA. Sequer registramos uma indagação, uma tentativa de esclarecimento sobre a própria tarefa.

Pela tarefa demandada, o que se poderia esperar era que a interação pudesse partir do próprio professor, falando sobre os textos encaminhados, comentando as escolhas e, assim, provocando a reflexão dos alunos. Afinal, para P o fórum seria um espaço para manifestações. Contudo, nada disso se registrou no AVA. T4 reconheceu, em um lamento, que a interação ficou inviabilizada pela própria estrutura do fórum, já que não se orientava para as discussões coletivas, cabendo aos alunos apenas a postagem individual de

---

[186] FERREIRA, 1999, p. 1649.

artigos. Segundo T4, não foi possível realizar intervenções à medida que os temas foram surgindo.

O terceiro fórum (Quadro 5) apresentou características diferentes dos dois anteriores. Nesse, o aluno deveria responder a algumas questões, tendo como referência a leitura de um texto previamente indicado pelo professor. Na orientação, solicitou-se que os alunos compartilhassem as respostas. Compartilhar respostas para P, conforme manifesto em entrevista, tinha caráter estimulador para as interações. Apesar da orientação para esse compartilhamento, não se evidenciou, no AVA, qualquer interação entre aluno e aluno. Eles apenas colocaram suas respostas no cumprimento da tarefa.

Quadro 5 – Orientação de atividade no fórum da disciplina U

3. Leitura: Capítulo 5 "Questões éticas em pesquisa e no trabalho acadêmico". Envie suas respostas para o fórum, de forma que todos possam compartilhar.
1. Quais são as implicações éticas do seu problema de pesquisa?
2. Como essas implicações afetarão o seu trabalho?
3. Você irá precisar submeter seu projeto ao conselho de ética? 04.07.08 a 01.08.08

Fonte: a autora com base nas informações coletadas no AVA Moodle

Nesse fórum, T4 fez um comentário nas atividades postadas por A1, A2 e A5. A interação foi reativa. Para A1, o retorno aconteceu em seis dias, para A2 em 12 e para A5 em 21 dias. Na atividade de A1 e A5, diferentemente de P, T4 teceu considerações que estimulariam o aluno a refletir sobre a questão que ele apresentou, explicando os pontos necessários para a compreensão do aluno a respeito do que estariam "errando" ou desconsiderando. Encerrou os retornos com indagações, perguntando se "deu para compreender melhor?" ou com "ok?" e abraços, demonstrando afetividade e abrindo espaço para que as interações mútuas pudessem ocorrer. Entretanto, não houve sequer uma posição de recebimento do retorno de T4 por parte de A1 e A5.

No retorno para A2, na compreensão de T4, ele havia dissertado corretamente a respeito das implicações éticas em sua pesquisa. T4 retornou dizendo apenas "Parabéns pela resposta". Chegou a perguntar questões sobre a cidade do aluno e a desejar que ele estivesse fazendo um bom trabalho nesse local. Não havia, nos registros, qualquer retorno de A2. A4 chegou a postar sua atividade no fórum, mas não houve qualquer comentário de P ou T4.

Em síntese, os fóruns dos Quadros 3 e 5 apresentaram, nas relações dos atores, apenas a interação reativa. O fórum do Quadro 4, não teve interação de qualquer forma.

Em entrevista, T4 afirmou ver o fórum como um "veículo para interação". Por isso, considerou que os fóruns foram utilizados, de maneira geral, no curso, e mais especificamente na disciplina U, de forma equivocada. Afinal, segundo T4, esse espaço deveria primar pela

> [...] discussão de aprofundamento de um tema de pesquisa que a gente escolhe. Inclusive ele tem forma de estruturação. Há formas e formas né? Ele tem aquela forma de árvores que você vai colocando com determinados temas à medida que os temas vão surgindo. (T4)

Evidenciou-se, sem qualquer dúvida, o uso inadequado dos fóruns. Ao citar que o espaço tem a forma de árvores, T4 se refere à interface fórum no Moodle que é organizada de forma a propiciar o encadeamento das mensagens postadas na dinâmica de um debate. O fórum é um espaço propício para a autorreflexão no processo de aprendizagem, tendo como base o diálogo crítico. Não é, portanto, um espaço para registrar, publicar, enviar mensagem para o professor[187]. O fórum é o espaço próprio para o debate, a discussão, elementos característicos de uma interação mútua[188]. Mas não foi usado nessa perspectiva. O momento e o espaço propícios para a

---

[187] OKADA; ALMEIDA, 2006.
[188] PRIMO; TEIXEIRA, 2001.

interação mútua, avançado em relação à interação apenas reativa, não foram aproveitados.

Ao serem indagados se as situações vivenciadas nos fóruns contribuíram efetivamente para a sua aprendizagem, os alunos se manifestaram de diferentes maneiras. A1 não foi claro quanto aos impactos dos três fóruns sobre a sua aprendizagem. Disse que apenas lia as atividades postadas pelos colegas e que elas, às vezes, serviam para o esclarecimento de suas próprias dúvidas. A2 considerou que, em comparação ao cibercafé, os fóruns contribuíram para a sua aprendizagem. Destacou que gostaria de que o número de fóruns fosse maior. Os fóruns foram muito bons para A5, sob o argumento de que lia tudo que ali era depositado. Em contrapartida, para A3, os fóruns teriam funcionado melhor se, na atividade, todos estivessem juntos no AVA, ao mesmo tempo. Isso, no seu entendimento, permitiria que as dúvidas fossem sanadas em um mesmo momento. O que A3 desejava, embora não tendo usado a expressão, era um *chat*, ainda que por conta de uma necessidade pragmática de respostas imediatas.

Temos que considerar que o *chat* possibilita que interações mútuas ocorram de maneira significativa, pois sua lógica exige que os participantes debatam intensa e dinamicamente[189]. A dinâmica dos fóruns, por sua característica assíncrona, e pela ausência de manifestação de P e T4, pode ter contribuído para o fato de A3 não ter reconhecido um papel significativo dessa interface na sua aprendizagem.

A falta de estímulo e de interação nos fóruns bem como os comentários feitos de forma quase automática foram razões para A4 considerar que essa interface não contribuiu efetivamente para a sua aprendizagem.

Ainda que reconhecendo os fóruns como uma atividade muito boa pela perspectiva de esclarecimento de dúvidas, a partir dos trabalhos apresentados pelos colegas, A5 não chegou a afirmar

---

[189] *Idem.*

categoricamente que os fóruns contribuíram efetivamente para a sua aprendizagem na disciplina U.

De maneira geral, os relatos dos alunos deixam dúvidas quanto à efetiva contribuição dos fóruns para a aprendizagem. Somente A2 reconheceu essa contribuição, ainda que o fizesse em comparação com o cibercafé. Os relatos de A3 e A4 colocaram em xeque a eficácia dos fóruns para a aprendizagem.

Nas entrevistas, com exceção de A5, os alunos formaram o consenso de que a sua aprendizagem se deu de forma solitária, a partir das leituras de texto. Os dados revelam que a aprendizagem dos alunos não se realizou de forma significativa. Ao final do curso, os alunos continuaram com dúvidas que não foram sanadas pelo tutor ou pelo professor. Dois deles não se sentiam seguros para atuar, profissionalmente, na área de estudo no curso. A necessidade de aprofundamento dos estudos foi apontada.

Embora as interações tenham sido pesquisadas junto a um grupo de apenas cinco alunos, uma leitura atenta dos dados colhidos no questionário respondido por 20 alunos revela aspectos interessantes. Ao serem indagados sobre como a sua aprendizagem aconteceu, 97% dos alunos apontaram que a sua aprendizagem aconteceu, de forma mais intensa, realizando as atividades que foram propostas. Para a quase totalidade dos alunos – 99% – a aprendizagem havida foi decorrente da leitura dos textos. Contudo, para 70% dos alunos, a leitura não teria sido suficiente para a aprendizagem.

Na disciplina U, evidenciou-se a completa ausência de interação aluno-aluno. Esse fato tem ligação com o uso inadequado dos fóruns, que não privilegiaram um eficiente debate. Se assim fosse, acreditamos que o quadro apresentado seria diferente. Efetivamente, não se constituiu, no espaço virtual da disciplina U, uma rede de aprendizagem; as interações mútuas, certamente as mais ricas e que mais poderiam contribuir para a aprendizagem, acabaram não sendo bem aproveitadas.

Outro aspecto que certamente implicou a ausência de interações aluno-aluno foi o fato de eles estarem envolvidos com tarefas individuais e não ter havido qualquer ação, no curso, que demandasse deles a interação. P chegou a dizer, em entrevista, que houve momentos no curso em que os alunos estavam muito atarefados e que a interação diminuiu, mas que isso já era esperado, não foi surpresa e também não foi um problema.

Na disciplina U evidenciou-se que, apesar das possibilidades de efetiva interação dos atores que a EOL proporciona por suas diferentes interfaces, tanto da parte de P quanto de T4, esses recursos foram pouco utilizados. Além disso, a demora de P e T4 nos retornos às mensagens dos alunos provoca a lembrança dos antigos cursos por correspondência, que dependiam do tempo das viagens dos trens, dos navios e de outros meios de transporte. Contudo, no curso sob estudo, a demora não era consequência do tipo de "transporte" das mensagens, já que as interfaces virtuais são o próprio espaço em que as interações acontecem e podem se realizar simultaneamente. Esse é o aspecto revolucionário das TDICs que possibilitam colocar em xeque a separação dos cursos presenciais e não presenciais[190]. Entretanto, as demoras nos retornos eram por responsabilidade única e exclusiva de P e T4, questões de pessoas e não de tecnologias. Certamente faltou da parte de P e de T4 uma busca constante por interação com os alunos e não se evidenciou qualquer esforço no efetivo acompanhamento da aprendizagem.

Em suma, se na educação por correspondência ou na que utiliza como suporte materiais impressos, o aluno passava as páginas das apostilas, agora ele aponta e clica nas setas que ficam na margem inferior da tela do computador para avançar na leitura do conteúdo. A mudança é que agora as páginas com conteúdo das aulas não amarelam mais, por conta das características da imaterialidade das tecnologias digitais. Contudo, em um ambiente que potencializa as interações nas mais diferentes formas, elas ficaram apenas no plano da reatividade de alguma forma, mantendo professor e aluno distantes, razão para que alguns dos estudantes manifestassem o sentimento de solidão e de abandono. A EOL amplia, apesar da

---

[190] DEMO, 2008.

distância geográfica e até das assincronicidades nas participações dos sujeitos, possibilidades de interação, não as reduzindo. O uso ampliado ou reduzido desses recursos interativos ficará na absoluta competência do professor.

As interações na disciplina U foram insuficientes, deficitárias e precárias. A aprendizagem, pautada nas interações dos atores, segundo relato dos alunos, efetivamente não aconteceu. As TDICs possibilitam que a efetiva interação mútua ocorra nos espaços virtuais, entretanto, é na relação dos atores que ela se consolida. Dessa forma, cabe ao professor e aos alunos interagirem efetivamente para que a aprendizagem pautada pelas interações, pelo debate, pela construção e reconstrução do conhecimento, aconteça. As interações dos atores devem ser entendidas pelos gestores, professor e aluno, como meio para promoção da aprendizagem e da qualidade do curso.

6.3. Sobre o uso do *chat*

Para este curso, não somente, mas principalmente pelo contexto que foi realizado, utilizar o *chat*, com as discussões conduzidas pelo professor, conforme constou no planejamento, seria uma ótima forma de possibilitar o estar junto virtual, promover a proximidade na relação dos atores, o sentimento de turma reunida e promoção da aprendizagem.

7
REDE DE APRENDIZAGEM

A análise das interações, os relatos dos alunos em entrevistas e os dados coletados pelo questionário nos levam a considerar que a disciplina U acabou por caminhar na perspectiva do "aprender sozinho" e da transmissão do conhecimento. Evidenciou-se uma sistemática de colocar os textos no AVA e solicitar aos alunos o cumprimento de tarefas. Dessa forma, a eles cabia ler os textos e cumprir o que se determinava. Em síntese, documentos iam e vinham. Se, nos primórdios da EaD, o correio era a forma essencial de comunicação entre professor e aluno, com o envio e o recebimento de textos, isso é o que acabou de alguma forma acontecendo na disciplina que acompanhei. Embora em tempos de internet e web – espaço próprio do curso –, a disciplina caminhou como se se tratasse de uma educação por correspondência, diferente apenas por ser eletrônica.

A educação bancária, preconizada por Paulo Freire, acabou permanecendo, apenas modernizada, já que mediada pelo computador. Parodiando Freire, diríamos que, no curso, no espaço do AVA, fez-se uma educação de "*e-banking*".

Privilegiou-se a aprendizagem solitária em detrimento de processos interativos. Dessa forma, foram subutilizadas ou mesmo não utilizadas as possibilidades das TDICs para as mais ampliadas formas de comunicação entre atores na disciplina.

As diferentes interações devem estar previstas em uma disciplina que se realiza on-line e devem ir além daquelas meramente burocráticas. O desenho didático do curso precisa privilegiar as interações a serem estimuladas, envolvendo os interagentes.

Contudo, não basta planejar e mesmo tentar interações. Ainda que presentes no planejamento e buscadas de alguma forma na prática, elas não estarão, apenas por isso, garantidas. Necessário se faz que todos os interagentes estejam abertos e preparados para as interações, conscientes de suas responsabilidades em um exercício de aprendizagem colaborativa ou cooperativa. Esse preparo possivelmente não se fará de forma espontânea, inclusive pelos "vícios" da educação presencial que esses sujeitos transferem para a sala de aula virtual. Será necessária a adequada formação dos profissionais que atuarão no curso e preparação dos alunos para exercerem seus papéis em um curso on-line, para que sejam efetivos em uma sala de aula que se estrutura na virtualidade.

Ficou evidente, na pesquisa, a necessidade de formação de gestores, professores e tutores para promoverem vivências na educação on-line e saberem lidar com o potencial das interfaces do AVA, para que sua efetiva utilização aconteça em consonância com uma prática pedagógica que privilegie as interações mútuas, a partir de uma didática diferenciada, favorecendo a mediação pedagógica como um meio para a promoção de interações – principalmente em se tratando de educação para adultos.

Indiscutivelmente as TDICs poderiam ter possibilitado um avanço para as interações dos atores, com uma atuação do professor na perspectiva de construir uma sala de aula virtual rica em interações mútuas, contribuindo para que a aprendizagem possa acontecer de forma significativa. Para isso, ele deve ser formado.

É fundamental, também, a preparação do sujeito que será aluno em um curso on-line. E essa preparação não pode se restringir ao domínio das ferramentas disponíveis no AVA. Cabe ainda, deixar claro para o aluno o que se espera dele em um curso on-line, quais são as suas responsabilidades, decorrentes de seu papel no processo educativo que ali acontecerá. Deve-se deixar claro o seu papel inclusive na relação com outros atores. O aluno precisa entender que sua atuação no curso também implicará a aprendizagem dos colegas. Espera-se um aluno aberto ao diálogo, disposto a participar do debate, capaz de problematizar, comprometido com colegas e professores.

O planejamento de um curso on-line deve privilegiar a adoção de um modelo em que esteja clara a divisão de tarefas, com as inerentes responsabilidades, entre professor e tutor – se optarem pela presença desse último ator. Há o risco do não reconhecimento, por parte dos alunos, da autoridade do tutor quando a esse se designam tarefas que seriam próprias do professor, ou que assim estejam entendidas pelos alunos.

É necessário que o planejamento do curso seja definido, tanto para professores, como para aluno, e deve haver para o tutor um tempo máximo para o retorno de mensagens ou outras formas de comunicação, incluindo a manifestação, por parte dos professores, sobre as tarefas realizadas pelos alunos. Isso possibilitaria que os alunos se sentissem mais seguros ao longo curso e exigiria uma presença mais efetiva do professor no AVA. É importante enfatizar que os retornos das questões que os alunos apresentam e das atividades que realizam devem contemplar, necessariamente, todas as questões por eles apresentadas, privilegiando a reflexão e abrindo espaços para interações significativas na construção do conhecimento.

O planejamento deve contemplar, ainda, o devido esclarecimento para o aluno sobre os retornos de dúvidas ou outras questões que forem apresentadas ou postadas durante o final de semana. É preciso informar se o professor ou outra pessoa, como o tutor, estará disponível para respondê-las ou não. Isso evitaria que, na ausência de respostas imediatas, o aluno se sentisse abandonado.

Pode ser útil disponibilizar, no AVA, uma interface para atividades sincrônicas, como o *chat*. Dessa forma, os alunos poderão marcar encontros com seus colegas para discussão de trabalho em grupo. Também se cria a possibilidade de um aluno acessar o AVA e, havendo algum colega on-line, eles interagirem.

Espero contribuir de alguma forma com aqueles que atuam ou desejam atuar na educação on-line. Os temas abordados neste livro suscitam mais discussões e reflexões de forma continuada.

REFERÊNCIAS

AMARAL, Mara Márcia R. Ávila; COSTA, José Wilson. A inserção das novas tecnologias como aparato auxiliar em projetos de ensino semi-presencial na educação tecnológica: o caso FATEC Comércio de Belo Horizonte. **Educação e Tecnologia**, Belo Horizonte, v. 11, n. 1, p. 22-27, jan./jun. 2006. Disponível em: https://periodicos.cefetmg.br/index.php/revista-et/article/view/83. Acesso em: 6 maio 2023.

BARRETO, Hugo. Aprendizagem por televisão. *In*: LITTO, M. Frederic; FORMIGA, Marcos (org.). **Educação a distância**: o estado da arte. São Paulo: Pearson Education do Brasil, 2009. p. 449-454.

BEHRENS, Marilda Aparecida. Projeto de aprendizagem colaborativa num paradigma emergente. *In*: MORAN, José Manuel; MASETTO, Marcos T.; BEHRENS, Marília Aparecida. **Novas tecnologias e mediação pedagógica**. Campinas: Papirus, 2000.

BEHRENS, Marilda Aparecida. **O paradigma emergente e a prática pedagógica**. Petrópolis: Vozes, 2005.

BELLONI, Maria Luiza. **Educação a distância**. 3. ed. Campinas: Autores Associados, 2003.

BERGE, Zane L. The role of the online instructor/facilitator. **Educational Technology**, [*S. l.*], v. 35, n. 1, p. 22-30, 1995. Disponível em: https://courses.dcs.wisc.edu/design-teaching/FacilitationManagement_Spring2016/facilitation-module/1_Online_Instructor_Roles/resources/roi_Berge-Role%20of%20the%20Online%20Instructorr.pdf. Acesso em: 19 maio 2023.

BOGDAN, Robert; BIKLEN, Sari Knopp. **Investigação qualitativa em educação**: uma introdução à teoria e aos métodos. Porto: Porto Editora, 1994.

BORBA, Marcelo de Carvalho; MALHEIROS, Ana Paula dos Santos; ZULATTO, Rúbia Barcelos Amaral. **Educação a distância online**. Belo Horizonte: Autêntica, 2007.

BOURDIEU, Pierre. Esboço de uma teoria e prática. *In*: ORTIZ, Renato. **Pierre Bourdieu**: sociologia. São Paulo: Ática, 1983. p. 39-72.

BRASIL. **Lei n. 5.692 de 11 de agosto de 1971**. Fixa diretrizes e bases para o ensino de 1° e 2° graus, e dá outras providências. Brasília, DF: Presidência da República, [1971]. Disponível em: https://www.planalto.gov.br/ccivil_03/leis/l5692.htm. Acesso em: 8 abr. 2023.

BRASIL. **Lei n. 9.394, de 20 de dezembro de 1996**. Estabelece as diretrizes e bases da educação nacional. Brasília, DF: Presidência da República, [1996]. Disponível em: http://www.planalto.gov.br/ccivil_03/leis/l9394.htm. Acesso em: 13 maio 2023.

BRASIL. **Decreto n. 2.494, de 10 de fevereiro de 1998**. Regulamenta o Art. 80 da LDB (Lei n.º. 9.394/96). Brasília, DF: Presidência da República, [1998]. Disponível em: http://portal.mec.gov.br/seed/arquivos/pdf/tvescola/leis/D2494.pdf. Acesso em: 17 jun. 2023.

BRASIL. **Decreto n. 9057, de 25 de maio de 2017**. Regulamenta o art. 80 da Lei nº 9.394, de 20 de dezembro de 1996, que estabelece as diretrizes e bases da educação nacional. Brasília, DF: Presidência da República, [2017]. Disponível em: https://www.planalto.gov.br/ccivil_03/_ato2015-2018/2017/decreto/d9057.htm. Acesso em: 30 jul. 2023.

BRASIL. **Decreto n. 5.622, de 19 de dezembro de 2005**. Regulamenta o art. 80 da Lei no 9.394, de 20 de dezembro de 1996, que estabelece as diretrizes e bases da educação nacional. Brasília, DF: Presidência da República, [2005]. Disponível em: https://www2.camara.leg.br/legin/fed/decret/2005/decreto-5622-19-dezembro-2005-539654-publicacaooriginal-39018-pe.html. Acesso em: 2 ago. 2023.

BRASIL. Ministério da Educação. **Referenciais de qualidade para a educação superior a distância**. Brasília, DF: Secretaria de Educação a Distância, 2007. Disponível em: http://portal.mec.gov.br/seed/arquivos/pdf/legislacao/refead1.pdf. Acesso em: 18 jun. 2023.

BRUNO, Adriana Rocha. Mediação partilhada e interação digital: tecendo a transformação do educador em ambientes de aprendizagem online, pela linguagem emocional. *In*: MORAES, Maria Cândida; PESCE, Lucila; BRUNO, Rocha Adriana. **Pesquisando fundamentos para novas práticas na educação online**. São Paulo: RG Editores, 2008. p. 77-95.

BUENO, Francisco da Silveira. **Grande dicionário etimológico-prosódico da língua portuguesa**: vocábulos, expressões da língua geral e científica-sinônimos contribuições do Tupi-Guarani. São Paulo: Saraiva, 1965.

CORRÊA, Juliane. Reflexões sobre o desafio de ser tutor. **Formação**, Brasília, v. 2, n. 4, p. 35-42, jan. 2002.

CRUZ, Dulce Márcia. Aprendizagem por videoconferência. *In*: LITTO, M. Frederic; FORMIGA, Marcos (org.). **Educação à distância**: o estado da arte. São Paulo: Pearson Education do Brasil, 2009. p. 87-94.

DEMO, Pedro. Prefácio. *In*: MORAES, Maria Cândida; PESCE, Lucila; BRUNO, Rocha Adriana. **Pesquisando fundamentos para novas práticas na educação online**. São Paulo: RG Editores, 2008. p. 9-12.

DÖDING, Magrit; MENDES, Rosana; KOVALSKI, Selma. O papel do monitor em cursos a distância através da Internet. *In*: CONGRESSO DE EDUCAÇÃO A DISTÂNCIA MERCOSUL, 7., 2003, Florianópolis. **Anais** [...]. Florianópolis: SENAI/CTAI, 2003. p. 264-269. Disponível em: http://aprendizadocontinuo.blogspot.com/2007/06/o-papel-do-monitor-em-cursos-distncia.html. Acesso em: 8 abr. 2023.

FERNANDES, Jorge Henrique Cabral. **Ciberespaço**: modelos, tecnologias, aplicações e perspectivas: da vida artificial à busca por uma humanidade auto-sustentável. Recife: 2000. Disponível em: https://feiproducao050.wordpress.com/wp-content/uploads/2012/09/ciber.pdf. Acesso em: 14 jun. 2024.

FERREIRA, Aurélio Buarque de Holanda. **Novo dicionário Aurélio**: século XXI. Rio de Janeiro: Nova Fronteira, 1999. CD-ROM.

FERREIRA, Ruy. **Interatividade educativa**: uma visão pedagógica. 2008. 200 f. Tese (Doutorado em Educação) – Universidade Estadual de Campinas, Campinas, 2008.

FILATRO, Andrea. **Design instrucional na prática**. São Paulo: Pearson Education do Brasil, 2008.

FILHO, José Aires de Castro; SILVA, Maria Auricélia da; MAIA, Dennys Leite. **Lições do Projeto um Computador por Aluno**: estudos e pesquisas no contexto da escola pública. Editora EdUECE, 2015.

FISHER, B. Aubrey; ADAMS, Katherine L. **Interpersonal communication**: pragmatics of human relationships. Nova York: Randon House, 1994. 462 p.

FLEMMING, Diva Marília.; LUZ, Elisa Flemming.; LUZ, Renato André. Monitorias e tutorias: um trabalho cooperativo na educação à distância. **ABED**, [S. l.], 2002. Disponível em: https://www.abed.org.br/site/pt/midiateca/textos_ead/678/2005/11/monitorias_e_tutorias_um_trabalho_cooperativo_na_educacao_a_distancia_. Acesso em: 17 jun. 2023.

FREIRE, Paulo. **Pedagogia do oprimido**. Rio de Janeiro: Paz e Terra, 1987.

GERVAI, Solange Maria Sanches. **A mediação pedagógica em contextos de aprendizagem online**. 2007. Tese (Doutorado em Lingüística Aplicada e Estudos de Linguagem) – Pontifícia Universidade Católica de São Paulo, São Paulo, 2007. Disponível em: http://www.leffa.pro.br/tela4/Textos/Textos/Teses/Solange_Gervai.pdf. Acesso em: 20 maio 2023.

GONÇALVES, Maria Ilze Rodrigues. Avaliação no contexto educacional online. *In*: SILVA, Marco; SANTOS, Edméa (org.). **Avaliação de aprendizagem em educação online**. São Paulo: Loyola, 2006. p. 171-181.

GONZALEZ, Matias. **Fundamentos da tutoria em educação a distância**. São Paulo: Avercamp, 2005.

GUTIERREZ, Francisco; PRIETO, Daniel. **A mediação pedagógica**: educação a distância alternativa. Campinas: Papirus, 1994.

HOUAISS, Antônio; VILLAR, Mauro; FRANCO, Francisco Manoel de Mello. **Dicionário Houaiss da língua portuguesa**. 3. ed. Rio de Janeiro: Objetiva, 2001.

JOHNSON, Allan G. **Dicionário de sociologia**: guia prático da linguagem sociológica. Rio de Janeiro: Jorge Zahar, 1997.

JOHNSON, Steven. **Cultura da interface**: como o computador transporta nossa maneira de criar e comunicar. Rio de Janeiro: Jorge Zahar, 2001.

KENSKI, Vani Moreira. Múltiplas linguagens na escola. *In*: CANDAU, Vera Maria. **Linguagens, espaços e tempos no ensinar e aprender**. Rio de Janeiro: DP&A, 2000. p. 123-140.

KENSKI, Vani Moreira. O papel do professor na sociedade digital. *In*: CASTRO, Amélia Domingues de; CARVALHO, Ana Pessoa de (org.). **Ensinar a ensinar**: didática para a escola fundamental e média. São Paulo: Tomson Learning, 2006a. v. 1. p. 95-106.

KENSKI, Vani Moreira. **Tecnologias e ensino presencial e a distância**. 5. ed. Campinas: Papirus, 2006b. 157 p. (Prática pedagógica).

KENSKI, Vani Moreira. Perfil do tutor de cursos pela internet: o caso do SEBRAE. **Linhas Críticas**, Brasília, v. 13, p. 53-76, 2007a.

KENSKI, Vani Moreira. **Educação e tecnologias o novo ritmo da informação**. Campinas: Papirus, 2007b.

KENSKI, Vani Moreira (org.). **Design instrucional para cursos online**. 2. ed. São Paulo: Artesanato Educacional, 2019.

LEMOS, André L. M. Anjos interativos e retribalização do mundo: sobre interatividade e interfaces digitais. **Tendência XXI**, Lisboa, n. p., 1997. Disponível em: https://facom.ufba.br/ciberpesquisa/lemos/interativo.pdf. Acesso em: 17 jun. 2023.

LÉVY, Pierre. **O que é o virtual?** São Paulo: Ed. 34, 1996.

LÉVY, Pierre. **Cibercultura**. São Paulo: Ed. 34, 1999.

LIBÂNEO, José Carlos; OLIVEIRA, João Ferreira de; TOSCHI, Mirza Seabra. **Educação escolar**: políticas, estrutura e organização. 2. ed. São Paulo: Cortez, 2005.

LITWIN, Edith. **Educação a distância**: temas para o debate de uma nova agenda educativa. Porto Alegre: Artmed, 2001.

LUDKE, Menga; ANDRÉ, Marli. E. D. A. **Pesquisa em educação**: abordagens qualitativas. São Paulo: EPU, 1986.

MAGGIO, Mariana. O tutor na educação à distância. *In*: LITWIN, Edith (org.). **Educação a distância**: temas para o debate de uma nova agenda educativa. Porto Alegre: Artmed, 2001. p. 93-110.

MAIA, Carmem. **Guia brasileiro de educação a distância**. São Paulo: Editora Esfera, 2002.

MARTINS, Janae Gonçalves *et al*. Usando interfaces online na avaliação de disciplinas semipresenciais no ensino superior. *In*: SILVA, Marco; SANTOS, Edméa (org.). **Avaliação da aprendizagem em educação online**. São Paulo: Loyola, 2006. p. 485-495.

MASSETO, Marcos T. Mediação pedagógica e o uso da tecnologia. *In*: MASSETO, Marcos T.; BEHRENS, Marilda Aparecida; MORAN, José Manuel (org.). **Novas tecnologias e mediação pedagógica**. Campinas: Papirus, 2000. p. 133-173. Disponível em: https://www.academia.edu/10222269/Moran_Masetto_e_Behrens_NOVAS_TECNOLOGIAS_E_MEDIA%C3%87AO_PEDAGOGICA. Acesso em: 21 jan. 2024.

MATTAR, João. Interatividade e aprendizagem. *In*: LITTO, M. Frederic; FORMIGA, Marcos (org.). **Educação a distância**: o estado da arte. São Paulo: Pearson Education do Brasil, 2009. p. 112-120.

MATURANA, Humberto Romensín; VARELA, Francisco J. **De máquinas e seres vivos**: autopoiese: a organização do vivo. 3. ed. Porto Alegre: Artes Médicas, 1997. 138 p.

MIZUKAMI, Maria da Graça Nicolett. **Ensino**: as abordagens do processo. São Paulo: EPU, 1986.

MOORE, Michael; KEARSLEY, Greg. **Educ**ação a distância: uma visão integrada. São Paulo: Tomson Learning, 2007.

MORAES, Maria Cândida. Educação à distância e a ressignificação dos paradigmas educacionais: fundamentos teóricos e epistemológicos. *In*: MORAES, Maria Cândida; PESCE, Lucila; BRUNO, Rocha Adriana.

Pesquisando fundamentos para novas práticas na educação online. São Paulo: RG Editores, 2008. p. 19-53.

MORAES, Maria Cândida. **O paradigma educacional emergente**. 13. ed. Campinas: Papirus, 1997.

MORAES, Maria Cândida. **Educar na biologia do amor e da solidariedade**. Petrópolis: Vozes, 2003.

MORAES, Maria Cândida. **Pensamento ecossistêmico**: educação, aprendizagem e cidadania no século XXI. Petrópolis: Vozes, 2004.

MORAN, José Manuel. Ensino e aprendizagem inovadores com tecnologia. *In*: MORAN, José Manuel; MASETTO, Marcos; BEHRENS, Marilda. **Novas tecnologias e mediação pedagógica**. São Paulo: Papirus, 2000.

MORAN, José Manuel. Contribuições para uma pedagogia da educação online. *In*: SILVA, Marco (org.). **Educação online**. São Paulo: Loyola, 2003. p. 39-50.

NISKIER, Arnaldo. Quem tem medo da educação à distância? **Folha de São Paulo**, São Paulo, 13 fev. 1998. Disponível em: https://www1.folha.uol.com.br/fsp/opiniao/fz13029810.htm. Acesso em: 26 jun. 2023.

OKADA, Alexandra Lilaváti Pereira. Desafio pra EAD: como fazer emergir a colaboração e a cooperação em ambientes virtuais de aprendizagem? *In*: SILVA, Marco (org.). **Educação online**. São Paulo: Loyola, 2003. p. 273-291.

OKADA, Alexandra Lilaváti Pereira; ALMEIDA, Fernando José de. Avaliar é bom, avaliar faz bem: os diferentes olhares envolvidos no ato de aprender. *In*: SILVA, Marco; SANTOS, Edméa (org.). **Avaliação da aprendizagem em educação online**. São Paulo: Loyola, 2006. p. 267-287.

OLIVEIRA, Elisa Guimarães. **Educação a distância na transição paradigmática**. Campinas: Papirus, 2003.

OUTHWAITE, William; BOTTOMORE, Tom.. **Dicionário do pensamento social do século XX**. Rio de Janeiro: J. Zahar, 1996.

PALHARES, R. Aprendizagem por correspondência. *In*: LITTO, M. Frederic; FORMIGA, Marcos (org.). **Educação a distância**: o estado da arte. São Paulo: Pearson Education do Brasil, 2009. p. 48-55.

PALLOFF, Rena M.; PRATT, Keith. **Construindo comunidades de aprendizagem no ciberespaço**. Porto Alegre: Artmed, 2002.

PALLOFF, Rena M.; PRATT, Keith. **O aluno virtual**: um guia para trabalhar com estudantes on-line. Porto Alegre: Artmed, 2004.

PAZ, Carolina Rodrigues *et al*. Monitoria online em educação a distância: o caso LED/UFSC. *In*: SILVA, Marco (org.). **Educação online**. São Paulo: Loyola, 2003. p. 327-344.

PETERS, Otto. **Didática do ensino a distância**: experiências e estágio da discussão numa visão internacional. São Leopoldo: Ed. Unisinos, 2001.

PRADO, Maria Elisabette Brisola Brito; VALENTE, José Armando. A educação a distância possibilitando a formação do professor com base no ciclo da prática pedagógica. *In*: MORAES, Maria Cândida. **Educação a distância**: fundamentos e práticas. Campinas: UNICAMP/NIED, 2002. p. 27-50. Disponível em: https://elara.nied.unicamp.br/biblioteca/educacao-distancia-fundamentos-e-praticas/. Acesso em: 21 jan. 2024.

PRIMO, Alex. Interação mútua e reativa: uma proposta de estudo. **Revista da Famecos**, Porto Alegre, n. 12, p. 81-92, jun. 2000.

PRIMO, Alex; TEIXEIRA, Fernando. Ferramentas de interação em ambientes educacionais mediados por computador. **Educação**, [*s. l.*], v. 24, n. 44, p. 127-149, 2001a. Disponível em: http://www.nuted.ufrgs.br/oficinas/oficinas/interacao/ferramentas_interacao.pdf. Acesso em: 10 jun. 2023.

PRIMO, Alex. Enfoques e desfoques no estudo da interação mediada por computador. **Secretaria Municipal de Educação de Duque de Caxias**, ano 5, n. 45, p. 1-16, 2005. Disponível em: http://smeduquedecaxias.rj.gov.br/nead/Biblioteca/Forma%C3%A7%C3%A3o%20Continuada/Tecnologia/cibercultura/Enfoques%20e%20desfoques%20no%20estudo%20da%20intera%C3%A7%C3%A3o%20mediada%20por%20computador.pdf. Acesso em: 21 jan. 2024.

PRIMO, Alex. **Interação mediada por computador**: comunicação, cibercultura, cognição. Porto Alegre: Sulina, 2007.

RAMAL, Andréa Cecília. Educação com tecnologias digitais: uma revolução epistemológica em mãos do desenho instrucional. *In*: SILVA, Marco (org.). **Educação online**. São Paulo: Loyola, 2003. p. 183-198.

RAMOS, Daniela Karine; FRISKE, Henriette; ANDRADE, Sônia Regina. Avaliação na educação a distância mediada por tecnologias: possibilidades e critérios. *In*: CONGRESSO INTERNACIONAL DE EDUCAÇÃO A DISTÂNCIA, 13., 2007. Curitiba. **Trabalhos científicos** [...]. Curitiba: ABED, 2007. Disponível em: http://www.abed.org.br/congresso2007/tc/55200790110PM.pdf. Acesso em: 17 jun. 2023.

REZENDE, Flávia; SANTOS, Henriette dos. Formação, mediação e prática pedagógica do tutor-orientador em ambientes virtuais construtivistas de aprendizagem. **Tecnologia Educacional**, [*s. l.*], v. 31, p. 157-158, abr./set. 2002.

SANCHES, Fábio (coord.). **Anuário brasileiro estatístico de educação aberta e a distância, 2008.** São Paulo: Instituto Monitor, 2008.

SANTOS, Edmea. Educação online como dispositivo na ciberpesquisa-formação. **Revista Tecnologias na Educação** – Ano 9, v. 20, p. 1-9. Edição Temática IV– Congresso Regional sobre Tecnologias na Educação (Ctrl+E 2017). Disponível em: https://tecedu.pro.br/wp-content/uploads/2017/10/Art9-vol.20-Edi%C3%A7%C3%A3o-Tem%C3%A1tica-IV-Outubro-2017.pdf. Acesso em: 11 mar. 2024.

SANTOS, Edméa Oliveira dos. Articulação de saberes na EAD online: por uma rede interdisciplinar e interativa de conhecimentos em ambientes virtuais de aprendizagem. *In*: SILVA, Marco (org.). **Educação online**. São Paulo: Loyola, 2003. p. 217-230.

SANTOS, Edméa. Portfólio e cartografia cognitiva: dispositivos e interfaces na prática de avaliação formativa em educação online. *In*: SILVA, Marco; SANTOS, Edméa (org.). **Avaliação da aprendizagem em educação online**. São Paulo: Loyola, 2006. p. 315-331.

SANTOS, Edméa. Pesquisa-formação na cibercultura. Teresina: Edufpi, 2019. p. 62.

SERRA, Daniela Tereza Santos. **Afetividade, aprendizagem e educação online**. 2005. 124 f. Dissertação (Mestrado em Educação) – Programa de Pós-Graduação em Educação, Pontifícia Universidade Católica de Minas Gerais, Belo Horizonte, 2005. Disponível em: http://www.biblioteca.pucminas.br/teses/Educacao_SerraDT_1.pdf. Acesso em: 22 jun. 2023.

SHEELLY, Stephen. Persistent technologies: why can't we stop lecturing online? *In*: ANNUAL ASCILITE CONFERENCE, 23., 2006, Sidney. **Proceedings** [...]. Sydney: The University of Sidney, 2006.

SILVA, Marco. O que é interatividade. **Boletim Técnico do SENAC**, Rio de Janeiro, v. 24, n. 2, p. 27-35, maio/ago. 1998.

SILVA, Marco. **Sala de aula interativa**. Rio de Janeiro: Quartet, 2002.

SILVA, Marco (org.). **Educação online**. São Paulo: Loyola, 2003.

SILVA, Marco; CLARO, Tatiana. A docência online e a pedagogia da transmissão. **Boletim Técnico do SENAC**, Rio de Janeiro, v. 33, n. 2, p. 81-89, maio/ago. 2007. Disponível em: https://www.bts.senac.br/bts/article/view/301/284. Acesso em: 18 jun. 2023.

SOUZA NETO, Manoel Fernandes de. O ofício, a oficina e a profissão: reflexões sobre o lugar social do professor. **Cadernos Cedes**, Campinas, v. 25, n. 66, p. 249-259, maio/ago. 2005. Disponível em: https://www.scielo.br/j/ccedes/a/Cwf9njhMD9TfxmCvnZFhvNy/?format=pdf&lang=pt. Acesso em: 20 maio 2023.

SOUZA, Alba Regina Battisti de; SARTORI, Ademilde Silveira; ROESLER, Jucimara. Mediação pedagógica na educação a distância: entre enunciados teóricos e práticas construídas. **Revista Diálogo Educacional**, Curitiba, v. 8, n. 24, p. 327-339, maio/ago. 2008.

VARELA, Julia; ALVAREZ-URIA, Fernando. A maquinaria escolar. **Teoria & Educação**, Porto Alegre, n. 6, p. 68-96, 1992.

VAVASSORI, Barreto Fabiane; RAABE, André Luís Alice. Organização de atividades de aprendizagem utilizando ambientes virtuais: um estudo de caso. *In*: SILVA, Marco (org.). **Educação online**. São Paulo: Loyola, 2003. p. 311-325.

VILLAS BOAS, Benigna Maria de Freitas. **Portfólio, avaliação e trabalho pedagógico**. Campinas: Papirus, 2007. (Coleção Magistério: Formação e Trabalho Pedagógico).